FOREWORD

刊行に寄せて

「失われた30年」は本当なのか？
バブル崩壊後、自信を失った多くの日本企業は
欧米流の「カタカナ」経営手法を無条件に導入してきたが、
残念ながら取り組みの多くが成功したとは言い難い。
一方で、日本経済が困難な時期にも経営努力を続け、
イノベーションを生み出し、発展した企業もある。
これらの企業にとっては「失われた30年」ではなく、
「成長の30年」だったわけである。

日本人の歴史と文化、特性に基づく「日本的経営」が、
戦後日本の工業化と経済成長を強力に推進したことは、
ジェームス・C・アベグレンが1958年に著書『日本の経営』で指摘したとおりだ。
それ以来、日本と世界を取り巻く経済状況、産業構造は日進月歩で変化している。
社会も、人々の考え方も、かつてとは大きく違う。
破壊的なイノベーションと社会構造の変化に取り残され、
日本企業の強みは衰退し、日本的経営は失われているのだろうか。

「問題があるからといって、欧米型のビジネス・モデルに
近づける方向で改革を進めることが解決策になるとは思えない」と、
アベグレンは66年前、すでに看破していたのだ。

変わりゆく企業社会の中で、われわれ自身が自信をもって
果敢に行動するためには、自らを見つめ、
ものごとの本質を見極める必要がある。
われわれはどこから来て、どこへ向かうのか。
これからのマネジメント、人と組織をどうかたちづくるべきか。
真の、そして新しい、「シン・日本的経営」とは何か。
本書に登場する識者・リーダーの考察を、
これからの経営革新と人材育成の羅針盤として示していきたい。

2024年2月
日本能率協会

THINK! シンク!別冊 No.12

CONTENTS

「失われた30年」を超え、進化し続けるマネジメント

シン・日本的経営

Chapter 1 失われた30年は真実か

Chapter 5 21世紀に活かすべき欧米型経営手法の本質

Chapter 6 シン・日本的経営の実現に向けた人材育成

「公益資本主義」に基づく
シン・日本的経営を目指せ

2019年に米国のビジネスラウンドテーブルはステークホルダー資本主義（新型株主資本主義）への転換を宣言した。しかし、米国企業の株主至上主義はいまだ変わらず、日本経済の現状においても、米国への追随は変わらない。「一周遅れで株主資本主義に舵を切った」と原丈人氏は激しく警鐘を鳴らす。これから日本が目指すべき道はどこなのか。健康で豊かな中間層をつくる「公益資本主義」を提唱する原氏は、企業を支える仲間、すなわち「社中」が協力し合い、豊かになる道を目指せと訴える。

Photo: Hideki Ookura　Text: Masamitsu Suzuki

原 丈人

アライアンス・フォーラム財団 会長
（国連経済社会理事会の特別協議資格を有する合衆国非政府機関）

公益資本主義とは何か
—株主資本主義の弊害

「公益資本主義」とは、健康で豊かな教育を受けた分厚い中間層をつくるための資本主義のことである。米国やイスラエル、欧州などで活動してきた私が、1990年代に米国型の資本主義はいつか破綻すると考え、世界を主導していた米国が破綻することは世界経済に大きな影響を及ぼすことになるため、新たな資本主義が求められているとの思いからつくり上げた概念である。

米国の資本主義は、「株主資本主義」という考え方であり、会社は株主のものとしている。さらに、1997年のビジネスラウンドテーブル（BRT）がその考えを周知させる大きなきっかけでもあったと考えている。BRTとは米国大企業のCEOが200人ほど参加するビジネス・ロビー団体である。1978年以降、BRTでは「企業統治に関する原則」を定期的に公表しており、1997年のそれは「企業は主に株主のために存在する」というものだった。この宣言によって、米国の企業、投資家は会社は株主のものだという考えにのっとって会社経営を考えるようになったといっても過言ではない。

ベンチャーキャピタルや投資ファンド、年金基金をはじめとする機関投資家は、投資対象の成績を内部収益率（IRR）というもので見ている。IRRとは利益の時間的価値を考慮した利回りのことで、たとえば5000万円を元手に2億円の利益を上げた場合、10年で達成するとリターンは年15％だが、5年なら年32％、1年なら年300％になる。ベンチャーキャピタルファンドやプライベートエクイティファンドは、IRRが高いファンドがよいファンドであると誤解されている。さらにファンドマネジャーのインセンティブは、IRRと連動させる傾向があるため、できるだけ短期間で利益を稼ぐことで、IRRを高くしようと短期主義に陥る。

このような短期成果主義がはびこったら、企業はどうなるか。「5年で成果を上げろ」などと言われたら、長期の研究開発など一切できなくなる。さらに短期化して3年だったら、製造することすら難しくなるだろうし、1年だったら、残る商売はアクティビストやヘッジファンドのような投機的金融のみ、ということになりかねない。

投機は、投資と違い、バブルを引き起こし、バブルは必ず崩壊する。そしてバブルが崩壊すると、ゼロサムゲームという現象を引き起こし、中間層の富が一部の富裕層に移り、中間層は貧困層に没落してしまう。これこそが貧富の格差の要因となっている。

前述した1997年のBRTにおける株主資本主義宣言を聞いて、以上のことがまず私の頭に浮かんだ。「このまま株主資本主義を推し進めたら、20年後の米国は間違いなく格差社会となる」と思い、そうならないようにするために考えたのが、公益資本主義である。

一周遅れで株主資本主義化する
日本の将来

前述の通り、会社は株主のものという考え方の経営がはびこった米国企業はどうなったか。残念なことに、米国の大企業の多くが、内部留保を吐き出した後、借り入れまでして増配したり、自社株買いをしているのだから、サステナブルな経営とはもはや言えない。この行為こそが本来の企業統治の基本を踏み外しているのに「ガバナンスはある」と、ふざけた解釈がまかり通っている。

2019年8月19日のBRTでは、株主資本主義を批判するとともに、ステークホルダー資本主義への転換を宣言した。とはいえ宣言だけで行動は伴わず、米国企業が方針転換できたとは言いがたい状況であるが、株主資本主義に疑問を抱いていた企業経営者にとっては、少なくとも自分の姿勢を表明できる機会にはなったと思われる。

それにしても残念なのは、一周遅れで株主資本主義に舵を切った日本だ。

2023年以降、増配や自社株買いなどで内部留保を切り崩し、借り入れまでして、株主還元を積極的に行っている企業が一気に増えた。20年前には、自社株買いをする日本企業は皆無に等しかったにもかかわらず、急に

株主に重きを置いた経営に舵を切り出した。理由は、東京証券取引所が「東証改革」の名の下に、「もっと株主のほうを向いて経営せよ」と大号令をかけたからだ。それに対して金融庁も、また日本政府も黙認しているため、経営者は意に反してでも、株主の意向をくんだ経営をせざるを得なくなったのである。

公益資本主義では会社を成功に導く仲間を「社中」と呼ぶ。従業員、顧客、仕入れ先、中長期株主だけでなく、地域社会、そしてすべてを支える地球も、大切な社中だ（**図表**）。強い意志を持った経営者であれば、株主ではなく、社中を大切にする経営を行うだろうが、そこまで強い意志を持った経営者は決して多くない。

この状況が今後も続くようだと、現時点では好調な一部の日本企業も、20年後には米国企業と同じ道をたどることになる可能性が高いと見ている。実体経済を担っていた企業が、投資会社へと変身していくだろう。

欧米流資本主義を無批判に受け入れようとしている日本は、大いなる危機に直面していると言える。

なぜ公益資本主義が必要かという点で言えば、公正な社中分配が第一である。会社が生み出す利益は、会社を構成する社中によって生まれたものであるのだから、その結果として生み出された利益は、社中に公正に分配されるべきである。次に、分配は単年度でよいものではなく、中長期で考える必要がある。中長期で発展するためには、革新的な研究開発を伴って、革新的な商品を生み出す必要がある。会社はそこに資金を投じ、企業家精神を持った改良改善が求められる。これらが公益資本主義における3本柱と言えよう。

欧米資本主義を無批判に受け入れるのはなぜか

少し歴史をさかのぼってみよう。今の日本がなぜ無批判に欧米流株主資本主義を受け入れるようになってしまったのだろうか。

1980年代、世界の時価総額ランキングの上位は、NTTやトヨタ自動車、そして大手都市銀行といった日本企業で占められていた。山手線の内側の土地だけで米国全土を買えると言われ、三菱地所が米国の魂であるロックフェラーセンターを買収したり、ソニーがコロンビア・ピクチャーズを買収したり、その行動により日本は米国にとって脅威となった。

第二次世界大戦以降、米国の仮想敵国だった旧ソ連が1991年にかけて崩壊し、新たに誕生したロシアは、もはや米国にとって敵ではなかった。そこで米国は、日本を新たな仮想敵国にしたのだ。1991年、ブッシュ・シニアが大統領だった時代の話だ。この件についてはすでに公開情報として、米国の公文書で確認できる。興味のある方はぜひ、目を通していただきたい。

この頃から、米国は日本経済を弱体化させるために、さまざまな仕掛けを施した。日米貿易摩擦解消のために1989年から翌年まで行った日米構造協議や、スーパー301条議案などがそれだ。米国による年次改革要望書に従って、日本の歴代首相はそれを甘んじて受け入れてき

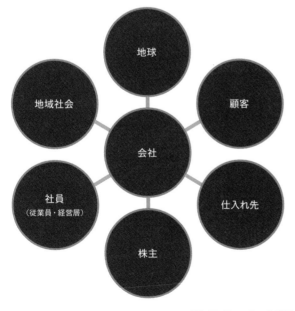

図表　公益資本主義における社中

地球

顧客

地域社会

会社

仕入れ先

社員
（従業員・経営層）

株主

出所：アライアンス・フォーラム財団

てしまった。

構造改革や規制緩和、成長戦略、民営化、企業統治改革などは、一見日本の産業界をよくするために行われたもののように思われているが、実は米国企業の日本進出や、米国の投資家による日本企業からの富の収奪を促し、米国経済を利するためと解釈するのがより正鵠を射ている。

個別具体例を挙げると、大規模小売店舗法の廃止が日本のアーケード街を次々に消滅させた。あるいは保険の自由化によって、第3分野と言われる「がん保険」に日本の保険会社が参入できないという優遇措置が、米国に与えられた。

そして労働者派遣法の改正によって、日本にはたくさんの人材派遣会社が誕生し、労働者人口の10人中4人が非正規社員になってしまった。80年代は「1億総中流社会」などと言われ、健全な中間層が主流を占めていた日本だったが、派遣法の改正で、正社員に比べて低賃金の非正規社員が増えたことにより、年収186万円以下の貧困層が1500万人もいるという、格差社会になってしまったのだ。これは、米国の要求を受け入れてきてしまったという構造的な問題である。

2005年に成立した会社法も、米国の意向をくんだものと考えてよい。これによって企業の合併手続きが簡素化された。明らかに米国の投資ファンドが、日本企業を買収しやすくするための仕組みだ。

会社は株主のものだという考えの下で、郵政の民営化などを行えば、公共財とも言える郵便サービスは株主利益を最大化するために、本来の使命を見失い、株主への還元を優先するために、過疎地の郵便局を閉鎖するなど、国民の便益を阻害してまで利益を出して、株主に配当を出さねばならない。これを推進する小泉純一郎首相（当時）に同調した日本国民は、まるでだまされたようなものだ。

大阪都構想の水道の民営化でも同じ結果となることは容易に想像できる。世界中で水道を民営化した国は料金が上がり、水質が落ち、ほとんどが失敗していることからも自明の理である。災害時の対応においても、株主利益を最大化する点で言えば、現状のような利用者重視の復旧対応とはならないであろう。

「ステークホルダー」と「コンプライアンス」への誤解

これらは、米国企業を日本に参入しやすくさせる、米国国益のための構造改革や規制改革であり、米国企業のための日本における成長戦略である。米国の投資ファンドが日本企業を買いやすくするための民営化であり、米国の投資ファンドが株主利益を増やすための企業統治改革と言ってもよい。

これに対して日本の政治家、官僚、企業人は自国民を守り、豊かにするための行動を取るべきであった。

ステークホルダーとは、元来、利害関係者を指し、利害が一致せず対立する存在を意味する。この背景は、西欧の文化哲学から来る。マルクス・エンゲルスの『資本論』にあるように、資本家と労働者といった利害が対立する関係者の交渉では、資本家は労働者が暮らしていけないくらい低い給与を提示し、労働者は会社がつぶれるくらい高い給与を要求する。それぞれの権利を最大限主張するのが欧米流の交渉だ。それぞれの側についた弁護士が交渉人となって、交渉を繰り返し折り合ったところで契約が成立する。少しでも瑕疵があると堂々と破れるので、契約書は分厚い。

さらに利害が対立する存在を、お互いに監視するためにコンプライアンスの仕組みがある。委員会設置会社の監査委員会や社内に縦横に張り巡らされた相互監視の仕組みは、西欧文化の伝統の下で生まれた欧米の企業にはなじむが、西欧とはまったく異なる慣習、伝統を持つ日本人には、相互監視のためのコンプライアンス制度は働きにくさの原因になっていると現場の声を聞く。無理やり欧米式を取り入れていく習慣は、そろそろやめる時期にきていると、海外で暮らす私には思えてならない。

実際、日本には社歴が100年を超える企業が1万社もあるが、何百年もの伝統を誇る老舗には、監視を目的とした監査役等は設置されていない。相互監視ではなく、社中が協力し合う精神を維持発展させることで社風を育て、お互いを信じ合うことで成り立っているのが、伝統的

な日本企業なのだ。

「監視しなかったら不正が出るではないか」という意見もあるだろう。しかし過去40年、私自身が米国で会社経営をしてきて、コンプライアンスが緩かった時代と、今のように非常に厳しい時代を経験してきたが、社内における不正の発生率はほとんど変わらない。

そう考えると、米国流に企業統治改革を行い、コンプライアンスなどの監視システムを導入すると、日本の文化・慣習には存在しなかったものなので、慣れていない日本人は、むしろ働きにくくなってしまう。互いを信頼し合う文化・慣習に対し、自身の働きを監視されていることへの嫌悪感をかき立てることにもなるからだ。

「ステークホルダー」、すなわち利害関係者と、公益資本主義における「社中」は異なる。本来日本企業は、監視などしなくても、仲間同士がお互いを信じ、協力し合うことで十分に成立するのだ。

デフレからの脱却が一丁目一番地

米国のための構造改革、規制緩和、成長戦略、民営化を推し進める日本に危機感を覚えた私は、外相時代から親交のあった岸田文雄首相が自民党政調会長だった2018年1月ごろ、公益資本主義に基づく構造改革について話をし、実現の方法として日本の勤労者の給与を上げる必要性を説き、「公益資本主義に基づく所得倍増政策」を推進しようと合意したが、森友問題などで時間を取られて重要テーマが審議できず関連法案は通らなかった。時を経て、2021年8月に総裁候補になる前にもこの政策について時間をかけてレクチャーし、一定の理解を得られたとは思うが、結局、首相1人が公益資本主義を推し進めようとしても、構造的な問題で実行することは極めて難しいのが日本の現状である。

では、日本経済を復活させる手はないのかというと、まだ可能性はある。

構造改革や規制緩和は、供給を増やすための政策であり、デフレ推進政策であって、「失われた30年」へ日本を陥れた誤った政策だ。90年代からデフレが続く日本において、デフレ推進策の構造改革や規制緩和を推し進めた結果、デフレ経済がいっそう悪化したまま現在に至っている。

したがって、真っ先にやるべきは、総需要を増やすことによって構造的なデフレから脱却することだ。総需要を増やすのは、分配の総和を増やすことと同義であり、総需要の増加なくして国民の所得は増えない。

では、総需要を増やすためにはどうすればよいのか。総需要の中身は6つに大別できる。

まず「民間による消費」、「民間による住宅投資」、「民間による企業の設備投資」の3つだが、デフレの状態で消費税増税など行えば、前述の3点に投資や消費は行われなくなることは明らかである。4つめは「政府による消費」であるものの、とにかくあらゆる無駄遣いを抑えているため、これらはまったく期待できない。5つめは「純輸出」だが、現状、海外からどんどん資源・エネルギーを輸入している状況にあるため、貿易収支は赤字になっている。

こうなると、残りの1つで総需要を増やす算段をつけるしかない。それは「公的固定資本形成」だ。あまり聞き慣れない言葉だと思うが、公共投資の総額から土地の買収費を差し引いた部分が、これに該当する。つまり、公共投資の真水にあたるものだ。

わかりやすく説明しよう。たとえばある区間の首都高速道路を造る金額が、250億円と仮定する。このうち土地の買収費が150億円とすると、これを除いた100億円が、設計費、工事費、機械費、材料費や賃金などでGDPに貢献する。これが公的固定資本形成である。

この部分を増やすためには、政府が積極的に財政支出をし、需要が供給を上回るようにしなければならない。

ところが、政府はこれをしようとしない。なぜなら財政支出を増やすことでインフレになり、プライマリーバランスが崩れるという論議が、必ず持ち上がるからだ。歴史を見れば明らかであるが、先進国において、5%以上のインフレになった国はない。平時にインフレになることなど考えられないことだ。これらは増税のためのプロパガ

ンダにすぎない。英国も過去にGDPの300%近い国債を発行し、国の債務が増えた時期があったが、税を取り立てて国債を償還したことは一度もない。

　株主資本主義に毒されつつある日本を取り戻すためには、日本国民一人ひとりが豊かになれる制度イノベーションを行う必要がある。しっかりと公的固定資本形成を行って総需要が供給よりも増える状態を常につくり、デフレから緩やかなインフレに脱却することが重要だ。現在のコストプッシュインフレは「インフレ」と名前がついているが、これはデフレ要因であることを忘れてはならない。なぜならば、給与の伸び率が、エネルギーや食料などの物価上昇に追いつかず、実質賃金が減少するので、デフレとして認識すべきなのだ。

社中全体が利益を享受する
公益資本主義が日本を救う

　日本を取り戻すために必要なことはもう1つある。企業経営者が、株主資本主義ではなく、公益資本主義の考え方で、自身の経営する会社は、誰のために、何のために存在しているのかを考えること。また、よい商品やサービスを生み出し、社会の公器として、世の中に貢献し、その結果として利益が上がるということ、さらには、それらは従業員のおかげで成り立っていることを理解し、利益の還元は株主よりも先に、従業員に還元するという考えを取り戻す必要がある。

　また、自社株買いをする資金があるのならば、設備投資、研究開発といった未来への投資に資金を投じるべきである。得られた利益は、社中に公正に分配していくという考えをしっかりと持った経営者が増えることが肝要だ。

　そして最後に、経営者の目線を従業員や社会より株主を優先するように仕向けられた現在の欠陥である、コーポレートガバナンスコード等の制度を廃止することだ。株主資本主義の米国でさえ、財務長官のイエレン氏は今年、自社株買いを行う米国の大企業を対象にして、税金を1%かけると言っている。それを利用して、日本でも自社

株買いを行う企業から、10%くらいの税金を取れば、愚かな自社株買いは減少するのではないか。

　「シン・日本的経営」とは、公益資本主義経営である。

　会社は社会の公器であり、事業を通じて社会に貢献する。これが経営の在り方である。それを実現するためには、社中の協力が必要になるため、得られた利益は社中に公正に分配する。こうした公益資本主義経営こそ、シン・日本的経営と言えよう。政府に依存することなく、日本国民一人ひとりが正しいことをしっかりと判断すること。さらに、欧米の後追いを続けるのではなく、公益資本主義経営を実行し、事業を通じて、地球社会全体に貢献し、世界が憧れる国にしようではありませんか。●

PROFILE

原 丈人（はら・じょうじ）

27歳まで中米考古学研究後、スタンフォード大学工学部大学院在学中に光繊維事業を創業。1985年アライアンス・フォーラム財団（国連経済社会理事会の特別協議資格を持つ合衆国非政府機関）設立。90年代には全米第2位のベンチャーキャピタルの経営者となった。90年代後半からは、株主資本主義の弊害を指摘し、公益資本主義の普及に努める。2000年代には、国連政府間機関特命全権大使、財務省参与、政府税制調査会特別委員、米共和党ビジネス諮問会議名誉共同会長、ザンビア大統領特別顧問のほか、2013年からは経済財政諮問会議専門調査会会長代理、未来投資会議構造改革推進徹底会議などに8年間にわたり内閣府参与として加わり、勤労所得倍増政策を提唱した。現在、デフタ・パートナーズ会長、香港政府HKSTP特別顧問、香港中文大学医学部栄誉教授、香港理工大学工学部大学院栄誉教授。

日本企業 再生と繁栄の指針
流れに逆らわず
しかし流されない「大義」とは

「失われた30年」と言われた日本経済。だが、失っている企業ばかりではない。世界的に、この時期は「情報革命」という大きな波が訪れている。その中で日本の情報産業を牽引し、大きく飛躍したのがソフトバンクである。同社の経営者として、変化をつくり出してきた宮内謙氏の、経営の根幹にあるのは「不易流行」の思想だ。宮内氏のキャリアのスタートとなった日本能率協会での朋輩・中村正己とともに、日本産業界の今とこれから、そして企業が掲げるべき志や大義を語り合った。

Photo: Hideki Ookura　Text: Motofumi Wakatsuki

宮内 謙 ✕ 中村 正己

ソフトバンク株式会社 取締役会長　　　一般社団法人日本能率協会 会長

IT革命の幕開けと
産業界のネットワーク構築

中村 宮内さん、この日本能率協会（JMA）の本部ビルにいらっしゃるのは何年ぶりですか？

宮内 私がJMAを退職して、ソフトバンクに入ったのが1984年。あれ以来ですから、39年ぶりですね。JMAには1977年から7年ほど勤め、マーケティング調査や教育などを担当していました。非常に楽しく仕事させてもらっていたと記憶しています。

中村 入職時期が近かったので、マネジャー研修でご一緒させていただきました。いつも優しく、笑顔で接してくださって。当時からキラリと光る存在というか、JMAの職員の中でもひときわ聡明で優秀な方だなと感じていました。実際、当時のニューメディアの研究活動をはじめ、常に時代の最先端のテーマに取り組まれていた。そんな宮内さんからある日、「中村さん、JMAを辞めることになったよ」と告げられて、驚いたのを覚えています。当時

PROFILE

宮内 謙（みやうち・けん）

1949年生まれ。1977年日本能率協会入職。1984年日本ソフトバンク株式会社（現ソフトバンクグループ株式会社）入社、現在取締役。事業会社においては2003年ソフトバンクBB株式会社（現ソフトバンク株式会社）取締役副社長、2015年ソフトバンク株式会社代表取締役社長に就任。2021年4月から現職。

の経営幹部も、JMAの将来を背負っていく人材として、宮内さんに期待していたはずですから。

宮内 いやいや。そんなたいそうな話ではなかったですよ（笑）。当時はちょうどニューメディア・ブームの真っ只中で、私もマーケティング活動の一環として、大手電機メーカーや大学の研究者を巻き込んで研究会を立ち上げました。毎日のように活発に議論し、また米国を訪問して情報通信産業の最前線を目の当たりにする中で、近い将来、パソコンを起点とした巨大な情報革命が起こるに違いない、そんな予感を抱いていました。

そんな折に、縁あってソフトバンクに誘われたのですね。孫正義さんを紹介され、2人で何時間も語り合いました。彼は「オフィスのすべてのデスクにパソコンが1台ずつ乗って、それらがネットワークでつながる時代がやってきます。その時代をわれわれが主導していきたいんです」と宣言していました。その後のパソコン革命やインターネット革命を見事に予見していたわけで、私も強烈なインパクトを受けました。それでソフトバンクに行こうと心に決めたのです。

中村 宮内さんが移られたのは、JMAにとって損失だったのですが、他方で「専門性を磨いて、外部の企業からヘッドハンティングされるような人材になれ」と、当時の上司たちはよく言っていましたね。

宮内 そうそう。JMAはいわば人材輩出企業を目指しているような印象がありました。実際、大学教授や大手企業の幹部社員として活躍されている方が少なくありません。

また、外部とのネットワーク構築に長けているのも、JMAの特徴ですね。周りの人たちをうまくコーディネートしていくというか。ホモジニアス（同質性）を追求するのではなく、外部にもオープンな関係を築いて多様な知を取り込もうとする姿勢がありました。

中村 もともと公益法人としてスタートした歴史があり、産業界において非常にニュートラルな存在で、どの企業もわれわれのプロジェクトに参加しやすい面があったのでしょう。業界内ではライバル同士であっても、JMAが立ち上げた研究プロジェクトには、積極的に協力してくれました。その伝統は今も大事にしています。

宮内 私が情報通信産業に注目したのに対し、中村さ

んはサービス産業の成長性に着目し、業界のネットワーク構築を長年支援されてきましたね。

中村 私がJMAに入職して最初に所属した産業振興本部は、展示会事業に力を入れていました。ちょうど宿泊業や飲食業などサービス産業が日本で急成長した時期で。サービス産業全体をつなぐキーワードとして注目したのが「食」でした。そこで1976年、食にフォーカスした商談・展示会イベント「FOODEX JAPAN」をスタートさせたのです。

宮内 当時、欧米では「ショー＆カンファレンス」が盛んで、そこに出展された最新の商品やビジネスモデルを発掘し、他社に先駆けて日本で紹介することで成功していく起業家がよくいました。「食」をキーワードに、そういう出会いの場を日本でつくろうとされたのですね。

中村 はい。最先端の商品やサービスを直接見て触って、その魅力を感じてもらう。それによって、食の分野でBtoBのネットワークを構築していこうという試みでした。

　今ではアジア最大級の食品・飲料展示会に成長し、小売、外食、宿泊、食品・飲料メーカー、レジャー施設など食に携わるあらゆる業種のバイヤーが来場する一大イベントとなり、JMAの屋台骨を支える事業となりました。私自身も「FOODEX JAPAN」の立ち上げのときから参画し、自分もこの事業に育ててもらったという印象を持っています。

▍不確実な時代こそ、揺るがぬ
▍理念・大義が欠かせない

中村 経済・社会情勢の不確実性が高まり、未来が見通しにくいVUCAの時代は、企業が持続的に成長していくためには、自社の理念や大義を明確に打ち出し、それを起点に組織や事業を動かしていく「パーパス経営」が重要だと言われています。

　日本の情報通信産業を長年牽引してきたソフトバンクの経営トップとして、宮内さんは企業の理念や大義をどのように捉えてきましたか。

宮内 ソフトバンクは創業時から現在まで変わることなく、「情報革命で人々を幸せに」という企業理念を大切に

PROFILE

中村 正己（なかむら・まさみ）

1953年生まれ。1975年日本能率協会入職。1994年産業振興本部長、2000年理事産業振興本部長、2003年理事経営・人材革新事業本部長、2006年理事・事務局長、2006年専務理事・事務局長（理事長代行）、2009年理事長事務局長、2012年一般社団法人日本能率協会理事長を経て、2016年から現職。

してきました。

　私が好きな言葉に「不易流行」があります。俳人の松尾芭蕉の言葉ですね。「変化しない本質を忘れない中に、新しい変化も取り入れる」という意味です。情報通信分野の進化は目覚ましく、これまでも新たなテクノロジーが登場するたびに、「情報革命」と呼ばれるような大変革を何度も生み出してきました。常に「情報革命で人々を幸せに」という本質を忘れず、変化にキャッチアップしていく。まさに「不易流行」を実践してきたのが、これまでのソフトバンクだったと思います。

　たとえば、私がソフトバンクに入社した1980年代に起こったのは「パソコン革命」や「ソフトウェア革命」でした。1981年に米IBMが「IBM PC」を発売。設計仕様を公開したことから、さまざまなメーカーがIBM PC用のソフトウェアを開発するようになり、ビジネス用ソフトが多数登場しました。本格的なパソコン普及の大きな契機となった。

　次に「パソコンをネットワークでつなぐ」という新たな発想が生まれます。当初は特定の組織内のパソコンを結

びつけるローカルエリアネットワーク（LAN）でしたが、やがてそれが世界中を通信網でつなぐ「インターネット」へと発展していきました。コンピューターと通信技術の融合による経済・社会変革は、「IT革命」「インターネット革命」などと呼ばれました。さらにスマートフォンの登場で、2000年代には「モバイル革命」が起こっています。この過程でソーシャルメディアが台頭し、オンラインコミュニケーションが日常化し、ネットショッピングやスマホ決済が当たり前の消費行動になっていった。

中村 たしかに、いずれも社会構造やライフスタイルを激変させるほどの情報革命です。

宮内 ただ、世の中が大きく変化しても、常にその本質を見極め、新たな価値創造を通じて社会に貢献していこうという私たちの姿勢が揺らぐことはありませんでした。「情報革命で人々を幸せに」という理念が、経営の基盤としてしっかりと根づいているからだと思います。

よく「ソフトバンクの本業は何ですか？」と聞かれます。ソフトウェアの販売業からスタートした会社ですが、今では流通業が本業とは言えない。大手通信キャリアの一角を担っているけれど、移動体通信事業が本業とも言い難い。「情報革命で人々を幸せにする」ということ自体が本業であって、常にその発想で、情報革命の周辺で新たなビジネスを構築しています。

理念を大切に守ってきたおかげで、大きな社会変化の中で、事業ドメインを変えるような事業改革を続けながらも、揺るがない経営を続けてこられたのだと考えています。

中村 素晴らしいですね。JMAも、初代会長である伍堂卓雄が示した「運営の三原則」（日本的性格の能率運動・理論〈議論〉よりも実行・重点主義）を今も事業運営の根幹として、非常に大切にしています。

もちろん時代の変化の中で、その意味合いが変わってきた部分もあります。JMAは戦時中に発足していますから、当時の「能率」とは軍事産業の生産性向上を意味していました。しかし戦後は、経済復興と高度成長に貢献することをJMAの新たな使命と位置付け、主に製造業の生産性向上の支援に取り組んできました。それでも、「日本社会への貢献」を根底に据えている点は変わっていないと私は理解しています。今後も、運営の三原則を

私たちの普遍的な理念として、大切に守っていかなくてはならない。

そのためには、全職員がその意味を深く理解し、腹落ちさせる必要があります。それにはさまざまな方法があるかもしれませんが、結局は、事あるごとに私が職員たちに直接伝えていくしかないと、愚直に語り続けています。

宮内さんは、JMAに比べはるかに大規模な組織のトップを長年務めてきました。理念の浸透には、どう取り組まれたのでしょう。

宮内 中村さんと同じで、「情報革命で人々を幸せに」という企業理念を繰り返し社員たちに語り続けてきました。とくにソフトバンクの場合、M&Aによって経営規模を拡大してきた面があります。歴史も企業風土もまったく異なる企業が、次々とわれわれの仲間に加わってきました。それらが1つの企業体として活動していくには、いわば"錦の御旗"のように、全員が目指すべき大義を示していくことが不可欠でした。

とはいえ、子会社も含め5万人以上の社員がいますから、経営陣が直接語りかけるのは難しい。会社の姿勢を示すための仕組みをつくっていくことも重要です。

私の社長時代に「smart & fun!」をスローガンに、社内の働き方改革のプロジェクトを立ち上げました。ITを活用して目の前の仕事をスマート化し、社員がよりクリエイティブでイノベーティブなことに取り組んでいくことを目指したものです。「情報革命で人々を幸せに」の精神を、ぜひ働く自分たちのためにも実践してほしい。そんな経営陣の想いを伝えたかった。こうしたプロジェクトを取り入れていくことも、理念の浸透につながるのではないかと考えています。

中村 語るだけでなく、仕組みをつくるという発想は重要ですね。

宮内 私がJMAに在籍していたときに感じていたのですが、当時から組織の中に小さなユニットをつくって、そのユニット単位で新たなプロジェクトに取り組む、というのをよくやっていましたよね。職員一人ひとりに経営意識を持たせる機能を果たしていると思っていました。

中村 なるほど。それは今も変わらず実践しています。

宮内 非常によい仕組みだと思います。自分が所属する

部門を、大きな組織の一部にすぎないと捉えるのと、自分が責任を持って運営する組織だと捉えるのでは、個々の仕事ぶりにも成長にも、天と地ほどの差が出てきます。「経営意識を持って仕事に取り組んでほしい」という、企業の姿勢を伝えることにもなりますから。

経営者は魅力的な明日を描き
思い切って主張する

中村　今後の企業経営者のあるべき姿について、宮内さんのお考えをぜひお聞きしたいです。私は、まずもって経営者自身がミッション・ビジョンを明確化できているか、企業が目指すべき未来像を描けているか。これが最も重要なことだと考えています。また、それを職員の心に響く言葉でしっかりと伝えられる能力も欠かせません。

　さらに言えば、ミッション・ビジョンを実現するために必要な投資について決断し、その結果について責任を負う。どんなことがあっても、責任をすべて引き受けるのは経営者の宿命ですよね。そういう覚悟に裏付けられた決断力が、これからの経営者にますます求められるのだと私は考えています。

宮内　すべて同感ですね。私も、最も大切だと思っているのは、"明日"を思い描き、それを明言することです。10年先、20年先を見通すのは難しくても、数年先でよいから「こんな未来になる。だからわれわれはこの方角に

向かって走っていく」としっかりと示すことが重要です。

　もちろん、未来に絶対などあり得ないし、経営者が予測を間違うことも多い。それでも、明日はこうなるぞと思い切って主張しなければ、今の時代、誰もついて来ないと思うのです。これまで以上に先行きが見通せず、誰もが不安を抱えている時代ですから。組織マネジメント力や計画遂行能力も大切ですが、それ以上に、未来を提示する能力が経営者に求められていくはずです。そのためにも、中村さんのおっしゃる意味での覚悟や決断力もますます求められるでしょう。

中村　また宮内さんは、「成長戦略」と「構造改革」を同時に推進することが重要とよくおっしゃいますね。

宮内　経営者が未来を描く上で「成長戦略」は欠かせませんし、その実践において「構造改革」を躊躇してはならない。日本では構造改革というと、リストラなどコスト削減を狙った経営合理化策を思い浮かべがちですが、あくまで前向きな事業改革を意味しています。

　実際、ソフトバンクはリストラをやったことがありません。成長戦略で新事業を次々と生み出しているから、リストラをする必要がない。ソフトバンク単体では、かつて約1万7000人の社員のほぼ全員が通信事業を担当していました。しかし今、同事業に関わる社員は1万人を切っているはずです。リストラしたのではなく、事業のシステム化を大胆に進めた結果、少ない人数でも対応できるようになりました。人材に余裕ができたおかげで、「PayPay」をはじめ新しい成長事業にその人材を移すことができています。「成長戦略」と「構造改革」を同時に進めるとは、そういう意味です。

中村　2021年4月にソフトバンクの社長職から会長職に代わられた際、中島みゆきさんの名曲『糸』になぞらえて、ご自分の新たな役割を明言されていましたね。大変感銘を受けました。

宮内　社長を交代した後も、会長の私が引き続き経営に口出しするのはよくないですから、新しいことをしなくてはと考えたのです。ふと思いついたのが、グループ内の連携を強め、シナジー効果を発揮させる仕事でした。グループ全体を見渡すと、LINEヤフー、ZOZO、アスクルをはじめ魅力的な企業がたくさんある。でも、いわば

「遠い親戚」のような関係性で、日頃からそれほど親密にコミュニケーションしているわけではありませんでした。これはもったいない話です。

そこで社員大会の場で、『糸』の有名な一節を歌って「タテの糸を担うのはリーダーである宮川（潤一）君。そして、ヨコの糸をつないでいくのはオレだ」と（笑）。冗談みたいな話ですが、その後すぐに「グループCEOシナジー会議」を立ち上げました。コロナ禍だったのでオンライン開催で、60社ほどの社長が集まり、グループ企業の連携について議論する会議です。すでに20回ほど開催しており、みんな打ち解けて、かなり親密になってきました。

中村 具体的なプロジェクトもすでに立ち上がっているそうですね。私たちもぜひ宮内さんのお話を参考に、JMAグループとしてのシナジーを発揮できるような枠組みをつくっていきたいと思いました。

▌未来に向けて日本の強みを ▌見つめ直すことが大切

中村 最後に、これからの日本企業がどんな方向を目指すべきか、ご意見をお聞かせください。

宮内 ソフトバンクは幸い、同質的な人だけが集まった会社ではありません。多種多様な人材が集まっている。これは今後大きな強みになると考えています。日本企業でも、外国人を経営トップや役員に登用したり、自社の強みを磨くために世界中の小さな有力企業を次々と買収したりする例が出てきました。これはよい流れです。

これからの経営において、少なくともグローバル化への対応は避けられない。特に情報産業は栄枯盛衰がめまぐるしい。常にグローバルな視点で経営を捉えていないと、一気に劣勢に陥ってしまいます。とはいえ、自社だけの力で対応しようとしても限界がありますから、M&Aや外部企業とのパートナーシップによって、グローバルなエコシステムを構築していく必要があるでしょう。

日本の経営者は、もっと外部の力を自社に取り込んでいくようなダイナミックなチャレンジをすべきだと私は考えています。キャッシュを溜め込んで、安定した経営を目指すスタイルから脱皮すべきときが来ているということです。

中村 重要なご指摘ですね。ダイナミックなチャレンジをするには、日本企業が自信を取り戻すことも大事ではないかと私は常々考えていました。近年、300人以上のJMA評議員の方々が参加する評議員会で、必ず出てくるのが「日本企業はこれから生き残っていけるのか」という話題です。グローバル競争の時代に日本企業はやや後塵を拝している印象はあります。そのため、日本の弱いところばかりに目を向けがちですが、改めて日本の強さを見つめ直す必要もあるのではないでしょうか。

宮内 たしかにそうかもしれません。日本の強みとして真っ先に挙げられるのは、絶対的なクオリティの高さでしょう。ものづくりの分野はもちろん、情報通信ネットワークをはじめとする社会インフラも抜群に優れている。「おもてなし」に代表されるサービス品質も世界最高峰です。

中村 間違いなくオンリーワンの強みを持っていますよね。それを武器にしながら、新しい時代を切り拓くようなチャレンジを重ねていく。

日本の強みをいっそう発揮していくにも、これからは一社の力だけでは限界があります。その意味でも、宮内さんのおっしゃった企業同士のネットワークやエコシステムを構築していくことが必要になるのではないでしょうか。そして、企業同士をしっかりとつないでいくことは、民間の中立的機関であるJMAの重要な役割です。ぜひしっかりと貢献させていただきたいと考えています。

本日はありがとうございました。●

Chapter
1

失われた30年は
真実か

1991年のバブル経済崩壊以降、日本経済の停滞は「失われた30年」と表される。
高度経済成長を実現した「日本的経営」は、これによって過去の遺物となったのだ
ろうか。

一方で、失われた30年の間に成長し、進化し続けた日本企業や経営者はたしか
に存在している。その姿勢には、復活のヒントがあるはずだ。

失われた30年の要因を考えるとともに、日本的経営の強みを改めて把握し、日本
的経営をどうチューニングすればよいのか、新たな方向性を探る。

戦後日本の「高度経済成長」 というイノベーション

——「失われた30年」と呼ばれるバブル崩壊後の日本経済の長期低迷を、どう捉えていますか?

　高度成長の時代から低成長の時代へ、経済環境が明らかに変わったにもかかわらず、日本はかつての「経済大国」という幻想を捨てられず、パラダイムチェンジができなかった。これが問題の本質だと思います。

　現在の日本経済は確かに低成長が続いていますが、世界を見渡せば高成長を続けているのは米国や中国ぐらい。英国やフランスなど欧州主要国と比べて、日本経済が突出して悪いというほどではない。ただ日本は、目指すべき新たな目標が明確化できていないために迷走している。かつての経済大国という幻想を捨て去ることができれば、次に目指すべき新たな目標が見えてくるはずです。

——そもそも日本が高度経済成長期を経て、経済大国になれた要因は何でしょうか。

　マクロ経済的に見れば、人口規模が順調に拡大したことが大きいでしょう。日本の人口がはじめて1億人を超えたのが大阪万博の少し前、1967年のことです。その後の人口のピークは2008年に記録した1億2808万人ですから、2800万人も伸びたわけです。この人口ボーナス*の恩恵は大きいですよ。

　しかもこの間、人口増の追い風を受けながら、当時の日本人たちは驚くほど大胆にその創造力を発揮し、日本の経済・社会にさまざまな変革をもたらしていった。

　たとえば、川崎製鉄初代社長の西山彌太郎。彼は終戦間もない1950年に、「世界最新鋭の製鉄所をつくる」として千葉工場建設という巨額の投資計画を打ち出しました。資本金5億円だった川崎製鉄が、160億円もの資金を投じるという計画ですから、普通に考えれば途方もなく無謀な話です。

　しかし西山には確信があった。日本が経済発展していくには鉄は欠かせない。しかも当時の小さな製鋼工場で銑鉄から鉄をつくるより、鉄鉱石を輸入して、高炉を備えた大規模工場でイチから製造するほうが安くて

「失われた30年」で生み出した価値を再確認する

日本は世界の中で「なくてはならない国」であれ

イノベーション研究の第一人者であり、日本経営史の専門家でもある米倉誠一郎氏は、
これまで日本企業のイノベーションの特徴を歴史的時間軸から鋭く捉えてきた。
なぜ世界でも類を見ないほどのスピードで高成長を続け、経済大国となった日本が、「失われた30年」に陥ったのか。
その本質的な課題とは何か。そして企業はどんな未来像を目指すべきなのか——。

Photo: Yojiro Terasawa　Text: Motofumi Wakatsuki

米倉 誠一郎

法政大学経営大学院 イノベーション・マネジメント研究科 教授
一橋大学 名誉教授

質のいい鉄が得られる。だとすれば、原料輸入のための港があり、最大の需要地である東京に近い場所がいい。だから千葉に製鉄所をつくるんだと。この構想と英断はすごいですよ。資金供与を依頼された当時の日銀総裁・一萬田尚登はこの計画に大反対したといいますが、おそらく彼は西山が語る構想の意味が理解できなかったのでしょう。それぐらい革新的なアイデアだった。

結局、西山は米国からの復興資金（世界銀行からの借款）と日本開発銀行（当時）からの政策融資を取り付け、この計画を成し遂げます。これは日本の製造業の発展に大いに貢献しました。

あるいは池田勇人の政策ブレーンだった経済学者・下村治。池田内閣が発足した1960年当時、多くの経済学者が、日本は戦後の復興期を経て低成長時代に入ると予測する中、「いまだ勃興期にある」として、国民所得倍増計画を立案。社会資本整備などの大規模投資を推し進め、高度経済成長を見事に演出しました。これも大したものです。

こうして日本経済は輸出先行ではなく、内需先行の投資を起点に発展していった。1968年には国民総生産（GNP）で当時の西ドイツを抜き、世界第2位の経済大国になります。この急速な経済発展は、世界から見て驚異的だったと思います。そのプロセス全体が、日本独自のイノベーションと称されたわけです。

目覚ましい経済成長の中で、米国の経営学者ジェームス・C・アベグレンが「日本企業の成長の原動力」と位置づけた日本的経営の枠組みも形成された。すなわち年功序列型賃金、終身雇用、企業内労働組合です。

——日本的経営には、どのような意義があったとお考えですか。

今、ビジネススクールの外国人留学生たちに、たとえば終身雇用について「You have to work one company for your life!」などと説明すると、「冗談はやめてください」「働き手の人生を何だと思っているんですか」という答えが必ず返ってきます（笑）。相当に違和感があるんでしょう。しかし、高度経済成長期において日本的経営のシステムは有効に機能したのだと説明しています。

きました。

　そうです。先ほどのＳ字カーブが働くインセンティブとして成立するには、賃金水準全体が右肩上がりに伸びていくことが大前提です。賃金が伸びなくなり、グラフの傾きが緩やかになればなるほど、同じ企業にとどまるインセンティブもなくなっていく。

　日本的経営が行き詰まる決定的な契機が、1990年代初頭のバブル崩壊でした。当時、海外の有力経済誌が「Welcome to the club」という見出しで、日本経済の分析記事を大きく取り上げていたのを覚えています。「ようこそ日本。ようやく先進国の仲間入りを果たしたね」と。かつて先進国と言われた国々は、どこも1〜2％程度の経済成長が続いている。そこに日本も加わったということです。

　低成長国になったのだから、次なるパラダイムを考えなければならなかった。日本的経営に変わる新たなシステムとは何なのか。長期的に働き続けるインセンティブが失われたら、次はどんなインセンティブがあり得るのか。しかし成功体験とは怖いものです。あれだけ成功してきたのだから何とかなるだろうと、その後も日本的経営を続けてきた。日本はどこに向かうのかを明確化せず、システムの転換を先送りにしてきたのが「失われた30年間」だということです。

「経済大国」から「持続可能な発展の支援国」へ

——これからはイノベーションを生み

　まず、1つの企業に長く勤めることは、ナレッジの形成に大いに役立った。米国企業のように、社員たちがジョブホッピングを繰り返していると、彼らの報酬は高まってもスペシフィックな知識は身に付かない。日本のように同じ企業で長期的にキャリアを築くことで、社員はその企業固有の深い知見を身に付けることができる。また野中郁次郎先生（一橋大学名誉教授）が指摘しているように、個々の社員が有する暗黙知を、形式知化して組織内で共有していくことで、日本企業は新たな知を生み出してきました。

　年功序列型賃金も、同じ企業で長く働くインセンティブとして機能しました。賃金と勤続年数をグラフに示すと、Ｓ字カーブを描くことが知られています。新入社員時の賃金は低く、それが30代に入った頃からぐっと上昇し、40代後半になるとそれまでの賃金水準が維持され、定年を迎える。社員は長く働くのが有利になり、企業側としても

人材が流出しないメリットがある。

　さらに日本の企業内労働組合も、経営者と労働者を対立させず、協調する機能がありました。米国の産業別組合は経営者に対し、とんでもなく強い交渉力を持っていますが、企業単位で編成された日本の組合が行う労使交渉はまったく激しくない。米国の労使関係が「We対They」の対立構造だとするなら、日本は労使をすべて「We」とする協調関係にある。両者が協調しながらロングタームで企業を発展させ、その結果として従業員の雇用も保障された。

　こうした日本的経営を支えるように、企業間の系列取引やメインバンク制なども構築されていきました。それらが高度成長の時代に大いに機能し、日本企業に多くの成功体験をもたらしました。

——その後、日本は低成長の時代を迎え、企業の経営環境も変わってい

出せるような経営・組織に転換することが必要だと叫ばれています。

いや、ここで強調しておきたいのは、イノベーションは手段であって目的ではないということです。先ほどの西山彌太郎や下村治たちには、経済成長によって経済大国を目指すという明確な目的がありました。戦後日本を復興し、1億人もの人口を養うためにはどうしてもそれが必要だった。目的が明確だったからこそ、壮大なイノベーションを生み出すことができた。

すでに低成長時代に入り、人口も減少していく日本が、経済大国に返り咲くことはないし、経済成長のためのイノベーションはもう要らない。経済大国の幻想を捨て、次に目指すべき未来像を明確化することが先決です。

——では、日本は今後どんな未来像を目指すべきなのでしょうか。

その答えはシンプルで、「世界の中に日本という国がぜひあってほしい」という存在になることだと私は思っています。

たとえば英国は今、経済大国か。かつてはそう呼ばれた時代もあったけれど、現在の英国を経済大国と呼ぶ人は少ないでしょう。でも決して没落したわけではなくて、国際社会の中で確固たる地位を今も築いています。特に金融業は強くて、シティ・オブ・ロンドンは国際金融の中心地として君臨している。ファーマシューティカル・サイエンス（創薬研究）の分野でも、大きな研究成果をあげている企業が多数ある。またオックスフォード大学やケンブリッジ大学も、単に歴史ある名門大学というだけでなく、基礎研究に強い研究機関として世界的

に知られています。経済大国ではないけれど、英国は間違いなく世界にとってなくてはならない国です。

これと同じように、日本も独自のやり方で「世界になくてはならない国」を目指すべきです。たとえば、ASEAN諸国での調査を見ても、その資格が十分あるといえます（**図表**）。

——具体的にはどんな国家像が考えられるでしょうか。

戦後日本が築き上げてきた経済発展のスキームを、環境調和やSDGsの文脈で再構築し、それを開発途上国の持続的な発展に活かしていくような国になること。それこそが、もっとも有望なこれからの日本の国家像だと私は考えています。つまり「経済大国」から「持続可能な発展の支援国」へ。この方向に転換すれば、日本が提供

図表 ASEANから見た日本の立ち位置

【設問】世界の平和、安全保障、繁栄、ガバナンスに貢献するために、正しいことを実施する国であると信頼できるか

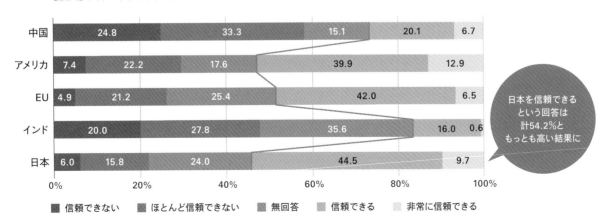

	信頼できない	ほとんど信頼できない	無回答	信頼できる	非常に信頼できる
中国	24.8	33.3	15.1	20.1	6.7
アメリカ	7.4	22.2	17.6	39.9	12.9
EU	4.9	21.2	25.4	42.0	6.5
インド	20.0	27.8	35.6	16.0	0.6
日本	6.0	15.8	24.0	44.5	9.7

日本を信頼できるという回答は計54.2%ともっとも高い結果に

出所：ISEAS - Yusof Ishak Institute, The State of Southeast Asia: 2022 Survey Report

できる価値は間違いなくあります。

最先端のテクノロジーとして、たしかに生成AIの技術はすごいけれど、その恩恵にあずかる人の数は世界でどれぐらいでしょうか。一方で、アジアやアフリカの途上国に目を向ければ、毎日のように停電している国が今もたくさんある。上下水道も整備されていないから、安心して飲める水も衛生的なトイレもない。日本は戦後早い段階から上下水道や発送電システム、公共交通などの社会インフラ整備を進め、その過程で優れた技術と知見を蓄積してきました。それを活かせば、何十億という途上国の人々の暮らしにすぐにも貢献することができる。

また『The Economist』の報告書によれば、世界の都市化の流れは急速に進んでいて、世界人口に占める都市住民の割合は、2050年までに約70%に達する見通しです。つまり近い将来、途上国や新興国も含めて世界各国で都市爆発がほぼ確実に起こる。それに対応できる住宅インフラの技術も日本にはあります。

かつて日本の集合住宅は「ウサギ小屋」と揶揄されたものですが、ユニットバスやシステムキッチンのような、コンパクトで衛生的な住まいのコンセプトは素晴らしい。今後はこれをグローバルに展開すべきです。ついでに言えば、日本は建築デザインの分野も非常に強い。安藤忠雄、隈研吾、妹島和世の各氏はじめ、世界的に活躍する建築デザイナーが大勢います。彼らにこれからの時代の住居デザインをどんどん提案してもらえばいい。

ドイツ出身の金融アナリスト、イェスパー・コール氏が、なかなか興味深い日本分析をしています。世界的に見て日本企業の利益率は悪くないし、株価配当もしっかり出している。しかし、給与水準は欧米主要国に比べて格段に低い。これらの指標から、彼は「低い給与で高いパフォーマンスを維持していることを評価すべきだ」と言っているんですね。高度成長のパラダイムからすれば日本経済は沈んでいると見えるかもしれないが、別の見方をすれば決して悪くない。新たなパラダイムを起点に、かつてとはまったく違ったイノベーションを生み出して、アジア・アフリカをはじめ世界中から尊敬される。そんな国を目指していくべきだと私は考えています。

■「ディファレンス（違い）」や「個性」にこそ価値がある

——日本の企業経営の在り方はどう変わっていくべきでしょうか。

これまでの日本的経営は、「序列」を重視する経営だったと言うことができます。年齢や勤続年数、学歴や偏差値など、限られた尺度で人材の価値を測って序列をつけ、上位にいくほどよいと考える。経済大国という目的に向かって全員が一直線に駆け上がっていくような時代は、人材の同質性が高いほうが好ましく、このアプローチが大いに機能しました。他方で、一人ひとりの個性はあまり重視されてこなかった。

これからは経済大国を目指すのではなく、日本らしさで世界に勝負する時代になります。日本企業も「序列」を重んじる経営から、「ディファレンス（違い）」や「個性」に価値を見いだす経営に舵を切っていく必要があります。

先日、ある経営者の方が「上司におもねる。公私混同する。会社に過度に依存する。最近はそういう日本の古い慣習に当てはまらない人が、社内で昇進するようになっている」と語っていました。そういう人材が求められる流れが、今後もっと加速してほしい。

だからこそ、真っ先に変えなけれ

米倉誠一郎が考える「シン・日本的経営」とは

「違い」や「個性」に価値を見いだす経営である。経営戦略においても、人の判断基準においても「違い」を重視する。多様な個の力を発揮させ、世界で尊敬される国になる。経済大国の幻想を捨ててパラダイムチェンジを果たせば、まだまだ日本は世界で活躍できる。

そして経営者は、結果を残さなければならない。今まで通りでは絶対に残せない。だからこそ、ぜひ結果に執着してほしい。そうすれば、おのずと経営は変わっていくはず。一部の日本企業はすでに変わり始めている。

ばならないのは、やはり人材に対する考え方でしょう。今まで新卒学生に対する最大の採用基準は「大学名」、つまり学歴でした。これからは一人ひとりの個性を評価すべきです。たとえば大学時代、何に取り組んできたのか。「4年間、ひたすらロボットの設計だけをやっていました」とか、「新素材の研究にのめり込んでいました」とか、いいじゃないですか！ どれも個性であり価値ですよね。企業は改めて採用基準としてそこを見極め、しっかりと評価していくことが大切です。

　もう一つ重要なのは、個人と企業の「やりたいこと」を一致させる経営の実践です。最近になって「パーパス経営」がよく言われるようになりましたが、そもそも社員にやりたいことがあって、そのベクトルが企業の向かう方向と一致していなければ、力が出せるはずがありません。

　当然、採用の仕方も変わります。わが社はどんな「違い」や「個性」を打ち出して、世界に貢献するのか。パーパスやビジョンを明確化して発信し、それに賛同・共感してくれる人々を採用していくべきです。

――人の「違い」や「個性」に価値を見いだすことは、教育の問題とも関係してきますね。

　その通りです。日本の教育も変革していかなければならない。OECDの調査などを見ても、日本の教育水準は決して低くありませんが、とにかく自己肯定感が低い。2019年の内閣府の調査で見ると、13〜29歳までの若

PROFILE

米倉 誠一郎（よねくら・せいいちろう）

法政大学経営大学院教授、一橋大学名誉教授。一橋大学社会学部、経済学部卒。同大学大学院社会学研究科修士課程修了。ハーバード大学歴史学修士号取得。長年、イノベーションを核とした企業戦略、組織の歴史を研究。ソーシャル・イノベーション・スクール（CR-SIS）学長、世界元気塾塾長、『一橋ビジネスレビュー』編集委員長。著書に『経営革命の構造』（岩波新書）『イノベーターたちの日本史』（東洋経済新報社）『オープン・イノベーションのマネジメント』（有斐閣）など多数。

者の45.1％しか自分自身に満足していない。これは先進国の中で最低水準です。学校教育の中で、子どもたちの個性を大切にせず、偏差値で評価してきたからだと私は思います。足が速い子、歌のうまい子、あるいは掃除が上手な子、みんなすごいんだと。そういう違いもちゃんと大切にする教育をしないと、自己肯定感は高まらない。

　もう一つ、非常に重要だと考えているのが、大学院の改革です。日本では大学院とは研究者になるための機関ですが、米国の場合、ロースクールやビジネススクールなど、高度な専門職を育成するプロフェッショナルスクールとしての大学院が多い。大学を出て、企業に入社して3〜4年働くと、自分の得意なことや挑戦したいことが自分なりに見えてくるでしょう。法務が得意ならロースクールに行けばいいし、デザインや建築の深い知識や技術を身に付けたいならデザインスクー

ルに行けばいい。一度社会人になって働いてから、プロフェッショナルスクールとしての大学院に入って専門性を身に付けるような学びの枠組みを日本にも導入すべきです。

　可能であれば日本国内だけでなく、米国や欧州、あるいはシンガポールやインドネシアなどのプロフェッショナルスクールを目指すのもいい。そこで必要になるのが英語力です。英語ができれば、選択肢はさらに増えます。

　そもそも英語を学ぶことがなぜ重要かと言えば、人生のオポチュニティーを広げてくれるから。しかし日本は「失われた30年」の間に、英語教育にも失敗してきた。英語を使うことで人生のオポチュニティーを広げていくマインドセットを育むことが大事だと思います。❶

＊生産年齢人口（15 〜 64 歳）に対する従属人口（14 歳以下の年少人口と 65 歳以上の老年人口の合計）の比率の低下により、経済が拡大すること。

企業経営の原点に立ち返って再生せよ

「失われた30年」の克服は、「課長力の復活」がポイントになる

日本の長期低迷を「失われた30年」という言葉でひとくくりに捉えるのではなく、
企業が陥った課題を丁寧に洗い出していくことで、今後の再生の道筋も見えてくるはずだ。
『日本の大企業　成長10の法則　失われなかった30年の経営』の著者である
コーン・フェリー・ジャパンの綱島邦夫氏が、「失われた30年」の本質とは何だったのか、
日本企業の再生に向けて必要な要件を提示する。

Photo: Shinya Nishizaki　Text: Motofumi Wakatsuki

綱島　邦夫

コーン・フェリー・ジャパン株式会社 コンサルタント

失われた30年の迷走を3つのステージに分けて見る

私は2023年に上梓した『日本の大企業　成長10の法則』で、「失われた30年」を1990年代、2000年代、2010年以降の3つのステージに分けて分析しました。「失われた30年」をひとくくりにして総括しただけでは、問題の本質は見えてこないと考えての問題提起でした。

まず最初の10年、すなわち1990年代の日本企業が陥った最大の問題は、学ぶ意欲を失ったことだと私は捉えています。1980年代までの日本企業は間違いなく、海外企業の先進的なビジネスモデルや経営スタイルを必死で学ぼうとしていました。しかし、バブル崩壊という重大な危機に直面す

ると、なんとか経営を立て直そうとコスト削減ばかりに明け暮れるようになり、それと同時に学ぶ姿勢を怠るようになりました。

一方、1987年にブラックマンデーを経験し、日本よりも先にどん底の経済状態に陥った米国企業は、復活の指針として、当時優れた経営を実践していた日本企業に学ぼうとしました。日本では「デミング賞」でその名を知られるW・エドワーズ・デミング博士は、日本企業の成功の秘訣として「人」と「文化」を挙げ、その考えを1980年代に名著『危機からの脱出*』にまとめています。現在の「パーパス経営」や「心理的安全性」に相当する概念も盛り込まれていて、素晴らしい内容です。しかし、この本は米国でベスト

セラーとなったものの、日本では長らく翻訳されず、存在すら知られていませんでした。おそらく出版業界は、この本の内容は古臭く、日本では売れないと判断したのでしょう。海外の先進的な取り組みを学ぼうとしない当時の日本の雰囲気を物語る、象徴的なエピソードだと思います。

それでも、1990年代の日本経済は穏やかながら成長を維持しました。しかし2000年代からの10年間、日本経済はマイナス成長を記録します。これほど長期的なマクロ経済の低迷は世界でも類のないものです。その意味で、「失われた」という言葉がもっとも当てはまるのはこの期間だと思います。

日本が長期低迷に陥った要因としては、インターネットビジネスの本格化

や中国市場の急拡大に対応できなかったことなど、いくつかの要因が考えられますが、より本質的な問題は、日本企業の社員が「官僚化」してしまったことだと思います。

多くの経営者は、すでに時代遅れになっていたトップダウン型の戦略経営を21世紀に入っても続けていました。また会社の目標達成のために、上意下達型の目標管理制度（MBO）を導入した例も少なくありません。その結果、社員は好奇心と挑戦心を失い、戦略策定や目標達成だけにいそしむ官僚型社員に変質してしまいました。

そして、3つ目のステージである2010年代以降は、プロの機関投資家（プロ投資家）の台頭によって、日本の企業経営が翻弄されてしまった時代です。彼らは経営者にとって、極めて扱いにくい存在でした。一見クレバーで、豊富なデータと分析ツールを用い、ロジックを積み重ねて経営陣に経営改革を迫ってきます。しかしその実体は、あくまで投資家の短期的な利益になる行動を求めているだけで、中長期的な経営に資する提言をしているわけではありません。とはいえロジックが緻密なので、多くの日本の経営者は彼らの提言を突き返すことができませんでした。「選択と集中」や「ROE経営」「中期経営計画の策定」などは、いずれもプロ投資家に求められて日本でも導入されたものですが、どれも時代遅れの考え方です。ROEを経営目標に掲げたり、中期経営計画を熱心につくっている欧米企業は、今はほとんどありません。

このように日本企業は過去30年の間に、学ぶことを忘れ、社員を官僚化させ、さらにはプロ投資家に翻弄され、誤った短期志向の経営に陥っていきました。これらが結果的に、30年もの長期低迷を引き起こしたのだと考えられます。

「課長力の復活」が日本企業再生のカギ

一方で、「失われた30年」の時代に、プロ投資家に踊らされることなく、日本企業の強みを活かした地道な経営を続け、着実に成長を遂げてきた企業も少なからずあります。また、多くの企業が長期低迷を余儀なくされ

SHIN-JAPANESE STYLE MANAGEMENT

たとはいえ、「失われた30年」の前には「成功の30年」が歴然としてありました。DXや人的資本経営など、はやりのキーワードを追いかけるのではなく、まっとうな経営を取り戻せば、日本企業は間違いなく、再び成長していくはずです。

そして、これからの日本企業にとって最も重要なことは「課長力の復活」だと私は確信しています。

最近では、課長という役職を置いている日本企業は減っていて、「マネジャー」や「グループリーダー」といった呼称に置き換わっています。経営陣から与えられた目標達成のために働く現場のリーダー、というのが現在の一般的なイメージでしょう。

しかし、ここで私が述べたい課長という存在はそれとはまったく違います。すなわち、現場の第一線で顧客に対峙し、オペレーションの中心人物として部下をモチベートし、イノベーション創出の原動力となっていくような役割のことを意味します。

かつて私は、1987年のブラックマンデーに見舞われた直後の米国から来日した米国企業の経営者と一緒に、ソニーの盛田昭夫氏を訪ねたことがあります。米国企業の経営者に「日本企業はなぜあんなに好調なんだ？」と問われると、盛田氏はこう答えていました。「米国企業の課長は、上司から指示されたことをやるだけだ。しかしソニーの課長は、もし何か挑戦したいアイデアがあったら、自ら組織を縦横斜めに動かして、それを実現していくのだよ」と。印象的な言葉で、非常

によく覚えています。

ソニーに限らず、かつての日本企業には、企業発展の原動力となるような第一線のマネジャーとしての課長級社員がいました。その後、米国では日本企業の研究が進み、1990年代には米経営学者のピーター・センゲによって「ラーニング・オーガニゼーション（学習する組織）」という言葉で紹介されています。この研究成果は米国企業が、トップダウンの戦略経営からボトムアップの社員参加型経営へと転換していく契機にもなりました。

しかし日本企業は失われた30年のプロセスの中で、課長職を軽視するようになっていきました。ぜひとも「課長」を起点とした経営に回帰すべきです。

そのためには、まずもって経営陣が、課長力の重要性を認識することが不可欠です。そもそも現代の経営

論では、「組織の中心はミドルである」という考え方が最先端の潮流になっています。マッキンゼー・アンド・カンパニーが2023年夏に出版した最新刊のタイトルは『Power to the Middle（ミドルマネジメントの力）』。組織の中心はミドルマネジメントであり、それは経営者になるための中間地点などではなく、キャリアの到達点、集大成と捉えるべきだとする内容でした。決して私だけが提唱しているわけではありません。

課長が活躍するためには、組織のフラット化が欠かせません。ピラミッド型の組織・階層を簡素化して、経営者から現場までの距離を短くし、情報共有や意思決定を円滑化するということです。日本企業もすでに取り組んでいると思われがちですが、実は日本の場合、社長や専務、常務といった経営陣や部長職は温存され、課長

PROFILE

綱島 邦夫（つなしま・くにお）

慶應義塾大学経済学部、米国ペンシルベニア大学ウォートンスクール卒業（MBA）。野村證券を経てマッキンゼー・アンド・カンパニーNY事務所に入社。その後、ラッセルレイノルズ、CSCインデクス日本支社長を歴任し、コーン・フェリーに参画。大規模な日本企業のグローバル人事、経営者開発の分野を中心に手掛ける。主な著書に『マネジャーの仕事100の基本』（日本能率協会マネジメントセンター）『日本の大企業　成長10の法則』（日経BP 日本経済新聞出版）など。

職だけが撤廃されるという形でフラット化が進んでしまいました。そうではなく、経営陣の重層的な階層を減らして、あしきヒエラルキーを是正するとともに、課長が前線で思う存分活躍できるよう、権限を委譲すべきです。

さらにもう一つ、企業発展の原動力として活躍してくれるような課長人材の発掘も重要です。私は以前、ある企業で、実験的な発掘プログラムをお手伝いしたことがあります。かつて高校生だった孫正義氏が、日本マクドナルド創業者・藤田田氏の著書に感銘を受け、直接会いに行ったエピソードは有名ですが、あれと同じように社内の若手社員に、自分が魅力的だと思う外部の人材にアプローチさせ、面談を取り付けさせます。そして、そこで得たヒントやアイデアを基に社内プロジェクトを策定して経営陣に提案する、という内容です。当初は試行錯誤が続きましたが、最終的には驚くべき結果が得られました。リクルートやキーエンスなどの、めったに会えないような幹部社員の方にアポを取り付けて、直接お会いして貴重なアドバイスを得て、それを基に社内の組織改革などについて提言してきた社員が何人も出てきたのです。「当社の部長クラスでも、これほどの提案ができる社員が何人いるだろうか?」と、同社の社長が驚愕したほどでした。

このように、20代の若手社員の中にも素晴らしい人材が必ず眠っていますし、工夫すれば才能を発掘することが可能です。人材の発掘や育成にぜひ積極的に取り組んでいただきたいと思います。

「経営者」から「実業家」へ 顧客起点での価値創造を徹底

新たな価値創造に向けて、今後は企業のトップには、「経営者」ではなく「実業家」を目指す発想が重要となります。

経営者の役割とは、突き詰めれば、株主の利益に資するため、資金を有効活用する戦略を考え、実行することと言えます。これに対し実業家の役割は、社会にどのように価値を提供するかを考えることです。単に株主の利益優先に走るのではなく、自社が目指す価値を真に理解してくれる投資家だけと深く関わり、そうでない投資家には正直に「われわれの会社に投資する価値はありません」と伝える

ことも必要です。このような姿勢こそ、実業家の本質でしょう。

実業家は、既存のビジネスを継続するだけなら存在意義はありません。前例のないことに挑戦するのが実業家の役割です（**図表**）。ではどうすれば、実業家としての姿勢や考え方を身に付けることができるのか。それは「顧客起点」に愚直に取り組むことです。

人間は本来、利己的な存在ですから、本能に従えば自分起点になります。とくに経営者の立場にいながら、顧客の目線で行動することは容易ではありません。そもそも顧客の声を直接聞いたことのある経営者は、日本に何人いるでしょうか。顧客起点を徹底するには、強い意志とコミットメントが求められます。

それを実践するヒントとして、りそなグループの例が挙げられます。かつ

図表　企業リーダーの役割

今を守るリーダー（経営者）		未来を拓くリーダー（実業家・開拓者）
・現在の延長で未来を想像する ・現在のビジネスモデルを進化させる ・新商品やサービスを量産する	Visualize（想像する）	・時流に先んずる ・可能性を想像する ・新しいビジネスモデルを創る ・新たな異質な世界を創る
・リスクを管理する ・今日の業績を上げる ・良い結果を継続する	Realize（実現する）	・今のパラダイムを破る ・殻を突破する ・未来を創る
・組織と経営プロセスをつくる ・ポストの成果責任を定め、責任を委譲する	Mobilize（人や組織を動かす）	・柔軟に学び続ける組織文化を創る ・異質なものを共通の目標に結びつける
・タレントを量産する ・エリートを育てる ・組織を統合し、共通の目標を達成する	Catalyze（触媒となる）	・新しいタレントを生み出す ・新しい能力を創る ・新しい生態系を養う

出所："Enterprise Leadership - New Leadership for a New World", Korn Ferry, 2021

ての不振を乗り越え、公的資金をすべて完済して、今ではリテールバンキングで国内トップの地位を確立しました。以前、前取締役会長の東和浩氏にお話を伺ったとき、「経営者として、自分が多くの時間を費やしているのはコールセンターです。コールセンターは、リテールバンキングの心臓部。ここにいるとお客さまのさまざまな声が聞こえてきて、自分たちがやるべきことがわかるのです」と話していました。この行動の結果、ほかの役員も多くの時間をコールセンターで費やすようになったそうです。顧客起点を徹底して行動するとは、たとえばこういうことです。それが「経営者」が「実業家」へと転換する契機となっていくのです。

りそなグループの取り組みのように、真の意味での顧客起点は決して簡単ではありません。だからこそ実践すること

ができれば、成熟化したといわれる日本国内市場だけでも、新たな価値創造のヒントが次々と見つかるはずです。

顧客起点のビジネスとは具体的にどういうことなのか、少しだけ例を挙げましょう。

たとえば住宅メーカーのビジネスは通常、物件を建てて販売したらそれで終わりです。そこでその短期的なビジネスモデルから脱却するために、お客さまの困り事に徹底して寄り添っていく。戸建て住宅の場合、お子さんが小さい時期に建てるので、たいていは子ども部屋をつくります。しかし、やがて成長して家を出て行くと、その子ども部屋は不要になる。

多くの顧客はその段階でリフォームを検討し始めるので、リフォームは住宅事業の付随ビジネスと捉えられがちです。しかし、最初からリフォームを

前提として住宅を設計し、顧客のライフスタイルに合わせた居住空間に簡単にリフォームできるサービスを提供したらどうでしょう。顧客との中長期的な関係性が構築でき、新たなビジネスチャンスが広がるはずです。

■ 日本企業は グローバルサウスへ貢献を

これからの日本企業は、どのような未来を描くべきかという問いに対して、グローバルサウスに貢献する企業を目指すべきだと私は考えます。現在の世界人口は約80億人、そのうちG7を中心とした先進国は8億人弱です。もちろん先進国にもさまざまな社会課題がありますが、より厳しい社会課題を抱え、日本企業が貢献する余地が大きいのは間違いなく南半球の人々です。

たとえば、日本の自動車メーカーが先進国向けに高級乗用車をつくっても、その市場の成長性には限りがあります。むしろこれからは、南半球の人々の移動を支えるような新しいタイプの商用車の開発・販売のほうが、社会課題解決につながりますし、ビジネスとしても大いに可能性があるはずです。

にもかかわらず、グローバルサウスの社会課題解決を、経営の主軸に据えている日本企業は、トヨタ自動車やダイキン工業など一部ありますが、まだまだ意外に少ないのです。ぜひここにチャレンジする日本企業がもっと増えてほしいと思います。●

綱島邦夫が考える「シン・日本的経営」とは

企業の原点とは「人々を喜ばせること」にあると考えている。阪急電鉄の創業者である小林一三氏は、当時の米国の鉄道会社が鉄道路線だけを手がけていたのに対し、そうではなく沿線に住宅地や百貨店を展開し、さらに宝塚歌劇団までつくり上げ、地域の人々の生活を豊かで楽しいものにしていった。最初から儲けることなど考えず、誰かの役に立ちたいとさまざまな事業を手がけたのだと思う。

世界は今、さまざまな課題を抱えている。その解決は、ぜひとも「人々を喜ばせる」「人を幸せにする」という視点からスタートすべきだ。その意味で、これから目指すべきシン・日本的経営とは、「企業経営の原点に立ち返ること」であり、これからの時代、企業は一つでも多くの課題を解決して人々の役に立つことが重要だ。社員一人ひとりがこの視点に立てば、企業はおのずと繁栄するに違いない。これが、私の考えるシン・日本的経営である。

＊日本では2022年、日経BPより刊行。

外国人プロ経営者から見た「失われた30年」の本質

日本企業はアピール力を高め
自信を取り戻せ

プロ経営者としてタカラトミーを再建した後に新日本プロレスリング社長に就任、

いずれも在任中に大胆な海外戦略によって会社を変革し、話題となったハロルド・ジョージ・メイ氏。

外資系企業と日本企業でキャリアを重ね、6ヵ国語を流暢に操る、真のグローバル・プロフェッショナルだ。

世界各国のマーケティングを熟知する「百戦錬磨」の目に、日本企業の現状はどう映るのか。

日本能率協会専務理事の小宮太郎が聞き手となり、日本の「失われた30年」と企業経営の課題を論じた。

Photo: Hideki Ookura   Text: Hiroshi Sakata

ハロルド・ジョージ・メイ

株式会社タカラトミー 元代表取締役社長
アース製薬株式会社・株式会社コロプラ・
アリナミン製薬株式会社・パナソニック株式会社 社外取締役
一般社団法人日本能率協会 評議員

小宮 太郎

一般社団法人日本能率協会 専務理事

日本にとどまるだけでは生き残りは望めない

小宮 ハロルド・ジョージ・メイさんは、アメリカの大学を卒業された1987年、ハイネケンジャパン（当時）に入社されます。なぜ日本で働こうと思われたのですか。

メイ 8歳から5年ほど横浜に住んでいたのですが、そのときの日本の印象が素晴らしかった。発達した都市もあれば、豊かな自然もある。安全性も高く、安心してどこにでも遊びに行けました。父はカネボウ（当時）に勤めていましたが、日本人は勤勉でよく働くということが子どもながらにもわかりました。「日本はこれからの国だ」と思え、大学に進学したころには日本で働いてみたいと考えていました。大学で経営学と東洋学を専攻したのもそのためです。

小宮 就職先はすぐに決まったのですか。

メイ いえいえ。オランダ人なので、オランダの有名企業に手紙を書いて就職活動を行いましたが、どの企業からも日本で働けるのは何年後になるかわからないと言われてしまいました。何か方法はないものかと考え、オランダ企業の日本法人に直接手紙を書きました。すると「すぐに来てくれ」と言われ、ハイネケンに行くことに決めたのです。

小宮 ハイネケンを皮切りに、日本リーバ（現・ユニリーバ・ジャパン）、サンスター、日本コカ・コーラでは、マーケティングを担当しつつ、経営にも携わられました。そして2015年、赤字に

陥っていたタカラトミーの社長兼CEOに就任。2年とかからず、17年には黒字に転換しV字回復を実現されました。何が要因だったとお考えですか。

メイ 要因は大きく3つありました。1つ目は、「トミカ」や「リカちゃん」といった外国人の私でも知っているブランド商品がいくつもあったこと。知名度があれば、マーケティングを工夫するなど、やれることはたくさんあります。2つ目は、変革の意思が経営陣だけでなく、従業員にもあったこと。変革には痛みが伴いますが、その覚悟がある人が多くいました。3つ目が、グローバルポテンシャルが十分にあったこと。ミニカーやお人形は万国共通のおもちゃですので、グローバル展開することで成長できると考えました。

小宮 グローバル展開できる可能性を見極め、そこを成長の糸口にしたわけですが、メイさんは前々から日本企

業はもっと海外に進出すべきだと主張されていますね。

メイ 日本のGDPは世界第3位（2022年）ですが、それでも世界のGDPの約6％にすぎません。日本国内で頑張っても6％を取り合っているだけ。残りの94％の市場に通用する商品やサービスもあるのに、そこに出ていかないのは、あまりにもったいない。

小宮 海外進出を試みる日本企業もありますが、まだまだ少ないのが現状です。なぜだと思われますか。

メイ 海外に進出しなければ生き残れないという危機意識が足りないのではないでしょうか。グラフを見てください（**図表1**）。これは国土交通省が発表している数値を基に私が考察したものですが、日本の人口はピークの2008年を100とすると、2100年には46〜38にまで減少すると推計されています（中位推計〜低位推計）。市場規模が人口

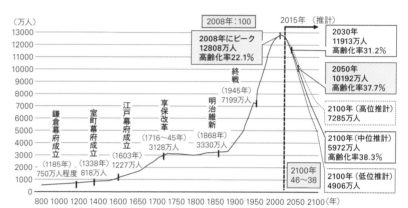

図表1　日本における総人口の長期的推移

日本の総人口は、2008年をピークに減少傾向にあり、今後100年間で約100年前（大正末期）の水準に戻っていく。この変化は、千年単位で見ても類を見ない、きわめて急激な減少。

出所：国土交通省「国土の長期的展望」最終とりまとめ（2021年6月 国土審議会計画推進部会 国土の長期展望専門委員会）を基に作成

に比例すると考えれば、100年後にはおそらく半分以下、最悪の場合約3分の1まで縮小するのです。

　日本の人口が急激に減少していくことは、多くの経営者も知っているはずです。にもかかわらず、「リスクが大きい」「日本市場だけでもまだ大丈夫」などといって、問題を先送りしています。海外進出は、日本企業が生き残るためには避けて通れない急務なのです。

豊臣秀吉はアピール力に優れた日本人だった

小宮　海外進出に二の足を踏んでいる企業が多い中、果敢に挑戦している企業もあります。ただ、あまりうまくいっていない印象があるのですが、どこに問題があると思いますか。

メイ　日本企業が海外でなかなか成功できない要因の一つに「アピール力不足」があります。日本では謙虚さが重んじられ、「能ある鷹は爪を隠す」ということわざもあります。しかし私に言わせれば、鋭い爪を隠した鷹は、ただの鳩です。能ある鷹であることをアピールしなければ、誰からも見向きもされません。謙虚であることに価値があるのは日本だけ。世界の人たちはアピール力があることを重視し、「私たちこそが1番だ」とがんがんアピールします。

小宮　メイさん自身も、話が面白く、日本語の表現の仕方も非常に巧みで、印象に残る言葉遣いをされます。マーケティング力が高く、発信力に秀でていることがよくわかります。日本企業、日本の経営者にそれらが不足しているという指摘は、その通りだと痛感します。

メイ　日本人にもアピール力に優れた人はたくさんいます。豊臣秀吉は低い身分のときから自分をアピールしまくって織田信長に引き上げられ、最終的には天下人にまでなりました。武将としての能力自体は秀吉と同じか、それ以上の人もいたでしょう。しかし、秀吉ほどのアピール力がある人はいなかった。

小宮　メイさんは、新日本プロレスリングの社長兼CEOのときも、ニューヨークをはじめアメリカ各地で大会を開催するだけでなく、ロンドンにも進出するなどグローバル化を進め、就任2年目の2019年には過去最高の売上高、営業利益を達成しました。

メイ　スポーツはグローバルポテンシャルが高いコンテンツです。スポーツをやっていない国はなく、人気のあるスポーツが違うだけです。また、プロレスは格闘技であり、格闘技を見ることは、2000年以上も前から世界各地で行われてきました。日本のプロレスを世界の人たちに楽しんでもらうことは十分に可能だと考えたのです。

　ただ、実際に海外で興業を実施するには金銭的にも日程的にも限界があります。海外の多くの人たちにリーチするには手段が必要で、その手段がデジタルテクノロジーでした。日本で行われた試合を世界にインターネット配信することで多くの人たちに見てもらい、人気が出てくれば、Tシャツなどグッズを物販することで売り上げを拡大することができます。

小宮　プロレスはサービス業であり、これまでのものづくり企業の経営とは大きく違うはずですが、社長就任に躊躇はありませんでしたか。

メイ　プロレスが大好きだったので、引き受けることにためらいはありませんでした。ぜひやってみたいと思ったぐらいです。製造業とサービス業の両方の経営ができる人は多くありません。サービス業の経営に挑戦して成功すれば、両方ができるプロフェッショナル経営者になれます。それもモチベーションになりました。

小宮　メイさんは、まさにプロ経営者ですが、日本人のプロ経営者は少なく、「プロ経営者と呼ばれる人」が経営を担ってもうまくいかないケースが散見されます。プロ経営者を外部から招聘するメリットは何だとお考えですか。

メイ　まったく異なる業界にいたからこそ見える問題や課題があります。また、その企業や業界の常識にとらわれることなく、まったく違ったやり方、考え方を参考にしながら変革ができることもメリットです。

　ただし、プロ経営者にかかるプレッシャーは半端なものではありません。1～2年という短期間に、過去最高の売り上げや利益といった目に見える結果が求められます。そのプレッシャーに押しつぶされる経営者がいても何ら不思議ではありません。裏を返せば、そのプレッシャーがあるからこそ、リスクをとって新しいことに挑戦できるとも言えます。

ソフト面の強化がグローバル展開のカギ

小宮　メイさんは、製造業を「モノ」、

サービス業を「コト」と表現して、日本経済はモノからコトへシフトすべきだと述べられていますね。

メイ 日本のGDPの約60％がモノ、約40％がコトです。一方、アメリカは真逆でモノが約40％、コトが約60％。なかでも、映画産業や音楽産業は世界で突出したナンバーワンです。日本もアニメーションやゲームはグローバル化に成功していますが、それに続くものがなかなかない。日本のスポーツでグローバル化に成功すれば、日本のコトが世界に通用する証になる。それに挑戦できることも、新日本プロレスの社長を引き受けた理由の一つです。

小宮 日本能率協会も原点はものづくりにありますが、近年はマーケティングなどのコトに関する教育や研修に注力するようになりました。

メイ 日本のものづくりは世界最高レベルです。品質や機能は本当に素晴らしい。安全性の高さも驚くほどです。しかし、自動車産業を見てもわかる通り、世界各国のものづくりのレベルも上がっており、そこだけで差別化する時代は終わりを迎えています。

ユニリーバの主力商品である石けんやシャンプーなどは、品質や機能では特徴が出しにくい商品です。では何で違いを生み出すのかといえば、ソフト面です。つまり、品質や機能などのハード面に加えて、マーケティングなどのソフト面が勝負を分けるのです。日本のハードは今でも世界最高レベルなのですから、あとはソフトを強化するだけ。ハードとソフトを高度に融合させて、ハードの優位性をわかりやすく印象的に伝えることができれば、グローバルで戦っても勝てるはずです。

小宮 グローバルに戦っていくためには、サプライチェーンの構築も重要になります。そのためには、さまざまな国々や地域の人たちとの信頼関係が欠かせません。パートナーシップの醸成にはどうしても時間がかかりますから、中長期的ビジョンをもって海外に出て行くことが大切になるのではないでしょうか。

メイ 海外での日本のイメージは非常に高い。日本の好感度が90％以上ある国もあります。そんな国はほかにありません。親日の国や人が多いことも日本企業にとって大きなメリットです。それを活かさない手はないと思うのです。

失敗を明言することが次の挑戦を生む

小宮 メイさんは、外資系企業3社と日本企業3社で働かれました。その経験から日本企業が今後変えていくべき点があれば教えてください。

メイ 日本企業の特徴の一つにジョブローテーションがあります。複数の業務を体験することには、たくさんのメリットがありますが、デメリットもあります。その最たるものが専門性の低さです。

外資系企業は、その人の専門性を重視し、マーケティングならマーケティングの専門家がチームをつくって仕事を遂行します。専門家同士が仕事をすることで高度なことができるようになります。また、同じ分野の専門家はみんなライバルですから、社内競争が激しくなります。「〇〇さんには負けられない」、そう思ってお互いに頑張ることで、個人とチームの両方の専門性がどんどん高まっていくのです。

小宮 ひと昔前までは「就社」が当たり前でしたが、現在の若い人たちの意識は「就職」です。自分がやりたい職に就けないのであれば、会社を辞

PROFILE

小宮 太郎 (こみや・たろう)

1972年埼玉県出身。亜細亜大学では硬式野球部に所属、4年時には学生コーチを務めた。経営学部経営学科卒業後、1995年東急建設株式会社に入社。大手私鉄工事現場の渉外や決算安全管理業務、離島リゾート開発事業などに従事。2002年に日本能率協会に入職。展示会や海外研修、ものづくり振興事業、「シリコンバレーニュージャパンサミット」などを手掛ける。2018年産業振興センター長に就任。バンコク、上海でのカンファレンスを実施。2020年理事就任、2022年専務理事就任。現職。

めてしまいます。大卒新入社員の約3割が3年以内に辞めてしまうという調査結果もあるくらいです。

メイ もしそうであるなら、ジョブローテーションは入社3年間だけに限定するなどして、その後は一人ひとりの適性を見て、専門性を長期的に育成する方向に変えていけばいいのではないでしょうか。

もう一つ指摘したいのが、オープンコミュニケーションの重要性です。私は四半期に1回、全社員に対して自社が現在どういう状況なのかを説明しました。それも1時間や2時間ではなく、半日、1日かけて行いました。その際に意識したのが、よいことも言うけれども、悪いことも隠さずに明らかにすることです。失敗しない企業はありません。挑戦すれば、そのうちのいくつかは必ず失敗します。失敗を明らかにしたほうが社員からの信頼も高まりますし、何より「失敗してもいいんだ」と思ってもらえます。それが次の挑戦につながります。リスクをとらずに進化しようというのは虫のいい話で、改善では売り上げや利益を2倍、3倍にすることはできません。

小宮 企業を成長軌道に乗せていくためには、リスクテイクが不可欠です。そのために、心理的安全性が担保された環境をつくるのは経営の大事な役割だと思います。

▮ 日本がこの30年で
▮ 得たものと失ったもの

小宮 「失われた30年」などといった

悲観的な論調が長く日本を覆っていますが、そうした流れを一刻も早く変えたい。企業人の多くがそう思っています。

メイ 私は、バブル経済崩壊後の30年間で、日本が失ったものは確かにあるけれども、得たものもあったのではないかと考えています。ひょっとしたら、失ったものよりも、得たもののほうが大きいかもしれません。

では、得たものとは何か。グラフは、1981年から2019年までの日本人の幸福度調査の結果です(**図表2**)。バブル経済が崩壊した1990年以後も、「自分は幸福だ」と感じている人の数が増えていることがわかります。しかも、幸福度は90%近い数値です。世

| 図表2 | 幸福度の男女差の推移 (世界価値観調査の日本結果) |

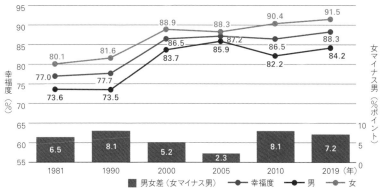

(注) 幸福度は無回答を含む回答総数に占める「非常に幸せ」+「やや幸せ」の割合。小数点第2位以下四捨五入
(資料) World Values Survey Hp (2014.5.7、2021.1.28)

界中の誰もが「幸福になりたい」と思っていることは間違いないでしょう。それを得た人が、この30年間で約10％も日本では増えています。

小宮 幸福な人が増えたのは非常に喜ばしいことです。ネガティブなことに目が行きがちな日本人からは、得たものもあったはずだという発想がなかなか出てきません。

メイ 統計データはありませんが、私はクリエーティビティーやデザインなども、ここ何十年かで日本が新たに得たものだと思っています。世界的に活躍する建築家やデザイナーが何人もいることが、それを証明しています。クリエーティビティーやデザインの重要性は、これからさらに高まるでしょう。日本が新たに得た大きなものの一つだといえるのではないでしょうか。

小宮 一方、メイさんから見て、日本が失った最大のものは何でしょうか。

メイ 自信だと思います。バブル崩壊以前の日本は自信に満ちあふれていました。海外の企業や土地、建物などを次々と買収していました。それらが減ったのは、お金がなくなったからではなく、自信がなくなったからです。リスクテイキングの源泉は自信だからです。

日本企業がリスクをとらなくなった証拠が、増大する企業の内部留保です。財務省によれば、2022年9月時点で516兆円もあり、10年連続過去最高を更新中です。いざというときに備える一定の内部留保は経営において大事なことです。しかし、あまりにも多過ぎると思いませんか。

小宮 日本が失った最大のものが自信というのは、ハッとさせられる答え

です。ただ、株価や物価、給与などもようやく上がり始め、これまでの悪い流れが変わる兆候があります。この機を逃さず、チャレンジして、自分たちで日本の流れをつくることができれば自信を取り戻すことができそうです。

メイ 小売価格を上げることができれば、給与を上げることもできます。品質や機能での差別化が難しく、企業は価格を下げることでこれまで勝負してきましたが、これからは価格を上げても買ってもらえるブランド力がものをいいます。日本でブランドというと商品ブランドを指すことが多いですが、海外では企業ブランドを指し、ブランドバリューとは時間をかけて少しずつ上げていく一生ものだと認識されています。

小宮 欧米企業にブランド力があるのは、それを上げることを常に強く意識しているからなのですね。それに加えて、ルールや規制によって自分たちが得意な方向に流れをつくっていくのも欧米企業は上手です。日本企業はどうしても、そうしたルールや規制に従うレシーバーになりがちです。流れに逆らうことはできないですが、流れに流されるだけではいけない。海外から入ってくるものを受け入れるだけでなく、逆に日本のやり方や強みを海外に発信し、それらを多くの国や地域に取り入れてもらう。日本らしさをグローバルに展開していく。そうしたことが失われた自信を取り戻すことにつながるのではないでしょうか。メイさんの話を伺って、そう思いました。本日はありがとうございました。

ハロルド・ジョージ・メイが考える「シン・日本的経営」とは

　三種の神器にならって3つ挙げるなら「海外進出」「ハードとソフトの融合」「イニシアティブ」だ。日本の人口が減り、マーケットが縮小する以上、国内で戦っても売り上げは飛躍的には伸びない。日本で実績のある製品やサービスは、間違いなく海外でも通用するが、日本が得意とする品質や機能などのハード面だけで勝てるかといえば、残念ながらそうした時代は終わっている。ハード面のよさをわかりやすく、かつ印象的に伝えるといったソフト面で勝負が決まる。世界最高レベルのハードはすでに手にしているのだから、あとはソフトパワーを手に入れ、ハードとソフトを高レベルで融合できれば勝機は大いにある。

　3つ目のイニシアティブには、「自分から始める」「主導権を握って事を進める」といった意味がある。しかし、日本語に訳そうとすると適した日本語がない。日本にはあまりない発想なのかもしれないが、海外では非常に重要視される。現在の日本には、このイニシアティブのある企業が圧倒的に少ない。自分たちが世界をリードしていくのだという気概をもって、イニシアティブを発揮していってもらいたい。

Chapter

2

日本企業が大切にすべき「大義」とは

パーパス経営や社会課題解決に注目が集まる今も、そして昔も、「何のために企業や事業が存在するのか」という問いは不可欠のものだ。

創業の原点となる志、つまり「大義」があってこそ、社員も顧客も地域社会も、その企業に心から共鳴する。健全な成長を遂げる企業は、自ら変化をつくり出す一方で、「変化に流されない」軸を持っている。

企業・組織にとっての大義の意味を、江戸幕府の時代までさかのぼるとともに、大義を実践する経営者の言葉から、改めて考えてみたい。

天下泰平の基となった存存意義とは何か
徳川将軍家にさかのぼって考える日本の「大義」の本質

1603年の開府以来、260年あまりにわたる長期政権を通じて、平和な日本を維持した江戸幕府。
その基礎を築いた徳川家康は、どのようなビジョンで国を築き、どのような考え方で安泰・繁栄の世へと導いたのか。
初代家康より受け継がれていった徳川将軍家の大義について、徳川宗家19代当主・徳川家広氏に聞いた。

Photo: Yojiro Terasawa　Text: Aki Nakagawa

徳川 家広

徳川宗家19代当主
公益財団法人徳川記念財団 理事長

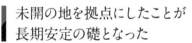

未開の地を拠点にしたことが長期安定の礎となった

——江戸幕府はなぜ約260年にわたって天下泰平の世を築けたのでしょうか。

もっとも重要なのは"江戸"を拠点にしたことでしょう。家康が江戸に幕府を開いたこと自体が、実に革命的なことでした。すでに都市基盤があった大坂に幕府を置いたほうが合理的でしたし、そもそも関東から東北にかけてはほとんど「外国」、それも未開の、というのが当時の日本人の感覚でした。

それなのになぜ家康は未開の地だった江戸を選んだのか。最大の理由は、ゼロベースから新しい「社会」を

つくることができると考えたからだと思います。長い戦国の世で、人心は荒廃しきっていましたが、大坂・京都を中心とする「従来の日本」では、抜本的な改革は難しい。それだったら、新開地でゼロから始めたほうがよい結果が出せる。そう考えていたのだと思います。

江戸時代初期の日本では、豊臣秀吉のカリスマは巨大でした。素性の知れない身から出世して、織田信長亡き後は武力で全国を平定し、関白という天皇に次ぐ地位にまで上り詰めた秀吉は、その名を聞くだけで誰もが震え上がる存在だった一方で、日本中の若い男性に野心を抱かせてしまったのは懸念点でした。

何より、外国と延々戦い続けた豊

臣の日本とは違う国であるということを、家康としては対外的に示さなくてはならなかった。大坂を攻めて豊臣家を滅ぼしたのも、そうした計算に基づくことです。

——秀吉は国外にも積極的に攻めていきました。

秀吉が仕掛けた朝鮮出兵の重要性は、いくら強調しても足りないほどです。秀吉は中国の明王朝を征服するために15万人もの大軍を朝鮮半島に送り込んでいます。当時の日本の人口は1200万人と推計されていますから、実に人口の1%以上。空前の規模の遠征軍でした。

秀吉がなぜ、朝鮮出兵、中国征服という無茶な戦略に乗り出したのか。

諸説ありますが、かつては信長も明を征服したいと言っていたことから着想を得て、国内の土地不足解消のために大陸を目指したというあたりが妥当な説明だと思います。

一方、五大老の筆頭として、秀吉亡き後すぐに朝鮮半島からの撤退を決めた家康は、戦争の責任者として疲弊するばかりの大名たちの多くからは感謝されましたが、対外戦争を出世の最後のチャンスと見ていた足軽・雑兵クラスからは恨まれたと思います。ただ、秀吉が気づいていなかっただけで、日本にもまだ土地はありました。それが関東平野、甲信越、そして東北からなる、いわゆる東日本です。当時の東日本は人口密度が低く、開発の余地が多分にありました。

——東日本の開発も容易ではなかったのでは。

確かに、関東平野では利根川が暴れ、甲信越も東北も寒冷でした。とはいえ、戦国時代を通じて日本の土木技術は飛躍的に発展し、土地開発の環境は整っていました。そこで家康は、江戸に移封されて間もなく、利根川の付け替え工事に着手し、湿地帯を農地に替えました。さらに、港の造成などインフラ整備を進めます。興味深いのは「日本橋」です。1603年に征夷大将軍の座に就くと、運河を掘って橋を架け、この日本橋を起点とした各街道に一里塚を設けています。はっきりとした宣言はなかったのですが、日本橋を日本の中心にするということが間違いなく家康の

ビジョンにはありました。

同時に、幕府が音頭を取って、日本中で沿海部の干拓と新田開発が進められています。その結果として、江戸時代の最初の100年間で日本の耕地面積は2倍以上に増えました。もはや土地の奪い合いも、海外との戦争による領土拡張も必要のない日本になったわけです。

——家康の政策に反発する大名はいなかったのでしょうか。

江戸時代初期まで生き残った大名たちは、朝鮮出兵の損失補填を家康にしてもらっていたわけですから、反発などはおよそ考えていなかったでしょう。家康はじめ大名たちのほとんどは、築いた家の規模に満足していた

と思います。むしろ、秀吉の再来のような「化け物」が台頭し、自分たちが築き上げてきたものを破壊することだけは避けなくてはいけないという点で、全大名が一致して幕府や幕藩体制を支えようとしていたのではないでしょうか。

では、どうすれば秀吉の再来という災厄を防げるか。先に述べた、江戸に幕府を開いてこの新開地を日本の中心にするというのも施策の一つです。ただ、何より大事だったのは、皇室・公家や武家、寺社といったエリート層が内輪もめを起こさないようにすることで、これは「禁中並公家諸法度」や「武家諸法度」、それと寺の各総本山と幕府との間の一連の協約によって解決します。

それから、庶民が幕藩体制を憎まないようにするため、経済開発に意を注ぎました。先に述べた大規模干拓による農地の倍増などは言うまでもありませんが、各大名に対して、「農民をいじめるような政治をすればお取潰し（領土没収）にする」という、庶民を大切にする政策を定めています。こうした天下泰平の考えは信長や秀吉との違いと言えるでしょう。その一方で、庶民が幕藩体制を侮ってもいけないので、刑法は拷問も含めた厳罰主義となりました。

さらに、身分を固定し世襲を原則とすることで社会の安定を図りますが、同時に、秀吉と直接やり取りをしてきた経験から、「能力のある人間はどんなに押さえつけても、必ず頭角を現す」ということを理解していました。だから、養子縁組や将軍・大名による家臣の抜擢といった形で、能力主義も併用したわけです。

——ずいぶん合理的な政策ばかりで

すが、よくそれがきちんと実行されましたね。

これは家康本人やブレーンもさることながら、三河武士団と呼ばれる家康の家臣団がよかったのだと思います。家康と家臣団は、何十年にもわたって苦楽をともにしてきたおかげで強い結束力がありました。家臣たちは思った通りのことを言い、家康もまたそれを聞く。そして、一度決まったことは着実に実行する。この組織文化が幕府の中核にあったおかげで、江戸幕府は長く続いたのです。

もっと言えば「秀吉の再来によって潰されるのではないか」という危機感が心の中にあった。それゆえに緊張感のある政治がなされたのです。上に立つ者は強さを見せ続けなくてはいけませんし、恐怖心も持っていなければすぐに堕落してしまう。ヨーロッパでは隣国の脅威が国家機構を成長させたように、江戸時代の日本では秀吉の幽霊に対する恐怖心が長い平和を支えたともいえます。

「天下はすべての人のもの」共和制思想を継承

——先述の両諸法度を定めた翌年の1616年に、家康は75年の生涯を閉じます。家康の信条は後続世代にどう引き継がれたのでしょうか。

家康の遺言としては、「人の一生は」から始まる「東照公御遺訓」が有名ですが、これは後世につくられたものであり、乱世を生き抜いてきた人間の遺言としてはきれいごとに過ぎる内容

PROFILE

徳川 家広（とくがわ・いえひろ）

徳川宗家19代当主、公益財団法人徳川記念財団理事長。1965年、東京都生まれ。慶應義塾大学経済学部卒。ミシガン大学大学院で経済学修士号、コロンビア大学大学院で政治学修士号を取得。2021年より同財団理事長。2023年1月より徳川宗家の当主となる。政治・経済評論家、翻訳家としても活動中。

で、フィクションだと考えるほうが正しいと思います。

実はこれとは別に、愛知県の岡崎城で石碑として公開されている「家康公遺言」があります。こちらは「私の命も、明日にも尽きそうだ（大意）」で始まるもので、本当の遺言という感じですが、さらに「天下は一人の天下に非ず、天下は天下の天下なり」、つまり「天下は徳川家のためのものではなく、すべての人のものである」とも記してあります。

さらに「たとえほかの家に政権が移ったとしても、民衆が安穏に暮らせるのであれば、この家康、恨みに思うことはない」と続きます。あまり知られていない遺言ですが、それも道理で、ほぼ共和制の思想です。

同時に、企業の経営者にとってもっとも大切な考え方、つまり、社会の役に立たなくなった企業は業態を変えて生き残ることや場合によっては「店を畳む」ことも検討すべきだ、という考え方も込められています。

私は、この「ご遺言」がどのように伝わり誰が読んでいたのかを、寡聞にして知りません。推測ですが、将軍たちは就任とともに、この遺言を見せられたのではないでしょうか。だとすると、自分のためではなく万民のために権力を使うのだと、家康から命令されるのと同じ効果があったと思います。秀吉の再来に倒される恐怖と、民を苦しめるような悪しき政権へと堕落するのであればいっそ政権の座を降りたほうがよいという諦めとで、逆説的ではありますが、江戸幕府は長

続きしたとも言えるのです。

──家康の後の歴代将軍では、誰の功績に注目していますか。

一番重要視しているのが5代将軍の綱吉です。綱吉将軍というと、「生類憐みの令」で民を苦しめた暗君、という評価がずっと続いていたと思いますが、これはおかしい。まず、この法令は動物だけではなく子どもや傷病人の保護までも目的としており、戦国の荒廃した世から脱して、弱者を労わるようにしようという、実に理にかなったものでした。今の日本を見ると、ペットをかわいがる人が多く、外国と比較すれば人に対してもやさしいので、生類憐みの令は効果があったとみるべきだと思っています。

それはさておき、実は綱吉の最大の功績は貨幣改鋳でした。江戸幕府は全国の直轄鉱山から採掘する金や銀で貨幣を鋳造していました。ところが綱吉の時代になると産出量が減少していきます。当時は貿易の決済を金銀で行っていましたから、国内通貨でもある金銀が海外に流出するようになり、景気が冷え込みます。

綱吉率いる幕府の心配は、不景気が秀吉時代の記憶を呼び覚まし、戦争待望論が強くなることでした。流出した金銀を武力で奪い返そうという考え方です。そこで綱吉は、小判の金の含有量を減らして、その代わりに小判の発行枚数を増やすという通貨増発政策を取りました。幸い、インフレは限定的で、以後の幕府は輸入代替政策を進める一方で、必要に応じ

初代家康を描いた「徳川家康画像」
（伝・狩野探幽筆、大阪城天守閣蔵）

て小判の供給を増やすという誠に近代的な経済運営によって、平和を維持することに成功します。

19世紀になってペリー艦隊がやってきたときには、幕府側は「日本の通貨は金銀の価値ではなく、将軍の信用によって成り立っている」と、現代の経済学の教科書に出てくるような説明を堂々と行っています。

■「誰もが尊厳を持ち生きる」家康が求めた国家の姿

──その江戸幕府も、ついに滅亡してしまったのはなぜでしょうか。

黒船来航の後に将軍の座に就いた

14代家茂は、日本の国を西洋型のものに改めることを宣言し、西洋列強と「修好通商条約」を結んでいます。その際に結んだ条約が不平等なものだとよく言われますが、同時期の中国が列強に侵略されたことを考えると、決して悪い内容ではなかったはずです。また、幕府の求心力を取り戻すために、朝廷とのいわゆる公武合体も進めています。このまま家茂将軍が続けていれば、幕府は形を変えて残ったかもしれません。ですが家茂は21歳の若さで亡くなってしまいます。

その跡を継いだ15代慶喜は、迷走する政局を打開するために政権を幕府から朝廷に「返上」します。これが1867年の大政奉還ですが、家康の遺言「天下は天下の天下なれば」を地でいく決断であったと言えなくもありません。この時点では慶喜は、天皇の命令で自分を首班とする新政権が出来上がるであろうと考えていたと思います。しかし一方で、新しい朝廷と

幕府、さらには諸藩を融合させた新政府の拠点が大坂になる可能性も高かったのです。

——江戸を日本の中心にするという家康の大方針に反しますね。

江戸幕府は260年以上かけて人を東に移し、経済の中心を江戸にしようと尽力してきました。しかし実際は江戸が京都・大坂に勝ることはなかった。それは当時江戸に行くことを「江戸に下る」と言っていたことからもわかります。幻の慶喜政権は幕末日本の経済的現実を理解していたと言えます。しかしこれは家康の基本方針に反する動きでもあった。だから慶喜は、彼の力が強くなり過ぎることを恐れた外様大名たちと、大坂に移ることを許さない譜代大名・幕臣たちによって排除されたと考えるのが正しいと思います。

そして明治政府は、即位間もない明治天皇とともに江戸へ移り、のみならず地名を東京と改めて首都に定め

ました。そしてそれに合わせて鉄道はすべて、東京駅を目指して「上り列車」と言うようになりました。この明治維新をもって、ようやく江戸を日本の中心にするという家康の国家ビジョンが実現したのです。

さらに言えば、第二次大戦後に国民主権、基本的人権の尊重、平和主義を基本原則とした日本国憲法が制定されました。これは実は私の曽祖父で徳川宗家17代当主の家正が貴族院議長として帝国議会で成立させたものなのです。その結果として、今の日本社会は「江戸を中心として、誰もが尊厳を持って生きる権利を有する平和国家」という、家康が思い描いた理想に近づいたのです。

経済に話を転じますと、戦後の日本は言うまでもなく、自動車や家電製品といった製造業に支えられて繁栄してきました。ただし実は金儲けもさることながら「どうすればこの商品が普及することで皆が幸せに暮らせるか」という思いもまた、間違いなく日本の製造業の原動力の一つでした。岡崎城の遺言もそうですが、自分一人の欲望よりも、多くの他人の幸せを優先させる考え方をしたときにこそ、人は通常を超えた大きな力を発揮できるのかもしれません。❗

徳川記念財団サイト
http://www.tokugawa.ne.jp/

徳川記念財団公式 YouTube
「令和徳川チャンネル」
https://www.youtube.com/channel/
UCwWI7PITiTkQmbrK4-lkoIg

社員の心を奮い立たせ、力を引き出す

京セラ・稲盛和夫が
掲げた経営の「大義」

類まれなリーダーシップで京セラを世界的な企業に育て上げた故・稲盛和夫。

創業時の出来事をきっかけに「全従業員の物心両面の幸福の追求」と「人類、社会の発展」という

経営理念を大義に掲げ、最後まで貫いた。稲盛の経営を長らく傍らで支え、強力に推進した森田直行氏が、

混迷の時代の今こそ求められる、大義の意味を説く。

Photo: Yojiro Terasawa   Text: Kunihide Wakabayashi

森田 直行

株式会社 NTMC 代表取締役社長

社員の幸せを実現する責任と経営の「大義」に目覚める

私が大学を卒業した1967年、京セラ（当時は京都セラミック）はまだ中小企業で、ほとんど世の中には知られていない会社でした。恩師から「君たちの先輩である稲盛和夫という人がやっている会社がある。今後期待できると思うので受けてみたらどうだ」という話をいただき、応募することにしました。

入社試験での面接が、稲盛さんとの初めての出会いです。初めて出社した日には、稲盛さんから今後の事業展開や会社の可能性、そして人としてどうあるべきかといった話がありました。それを聞いて「この方は本当に信頼できる人だ」との思いを抱き、「この会社でがんばろう」と決意したのです。以来、半世紀以上にわたって、京セラでのアメーバ経営の確立と推進、アメーバ経営に基づくコンサルティング、JALの経営再建など、稲盛さんに仕え、稲盛さんとともに歩んできました。

今、日本企業はいろいろな意味で難しい局面を迎えています。混迷の時代、激動の時代だからこそ、稲盛さんが貫いた「経営の大義」がますます重要になってくると私は確信しています。本稿では、稲盛さんの謦咳（けいがい）に接してきた者として、「人間の力」をどこまでも引き出すアメーバ経営、およびそれと一体である経営の理念、大義についてご紹介します。読者の皆様のこれからの経営に少しでも資することになれば、これ以上の喜びはあ

りません。

稲盛さんが経営の大義を掲げることの重要性に気づいたのは、京セラの草創期に起きたある出来事がきっかけでした。

もともと京セラは、気鋭の若手技術者であった稲盛さんの技術を世の中に問うことを目的に設立された会社です。ところが、新しく入社した社員にとっては、「自分たちの生活はどうなるか」というほうが重要な関心事でした。度重なる従業員からの昇給・ボーナス等の要求と、創業したばかりの小さな会社の経営事情との板挟みに、稲盛さんはずいぶん思い悩んだといいます。

彼らと話し合いを重ねる中で、稲盛さんは、自分の技術うんぬんよりもまず、社員は自分の幸せを願って入社してくるのであって、経営者は社員の満足を実現する責任があるということに気づくのです。一方で、単にお金を儲ける、家族を養うという目的だけでは、従業員の力を合わせて大きなことを成し遂げるのは難しいとも考えました。

「人間は、崇高な目的、大義名分がなければ、心から一生懸命になれない」というのが稲盛さんの考え方です。したがって、事業の目的はできるだけ次元の高いもの、公明正大な目的でなければならない。公明正大な事業の目的や意義があるからこそ、従業員は心から共感・賛同し、精一杯力を発揮するようになるし、経営者自身も堂々と、胸を張って全力投球できるようになるといいます。

こうして生まれたのが、「全従業員の物心両面の幸福を追求すると同時に、

人類、社会の進歩発展に貢献すること」という経営理念でした。稲盛さんが最後まで貫き通した経営の考え方はここにあると私は思います。

京セラの躍進を支えた「アメーバ経営」

この出来事を通して、稲盛さんは、経営者対従業員というふうに対立軸で物事を見るのではなく、社員も経営者と同じ考えで経営に参画してもらわなければ、企業経営はうまくいかないと痛感します。

では、どうすれば社員は経営者と同じスタンスで仕事に臨むようになるのか。考え抜いた末にたどり着いたのが、経営に関する数字を全社員にすべてオープンにすることでした。会社の経営状況を「見える化」し、自分たちの給料の源泉となる利益がどのくらい生まれているのかをひと目でわかるようにすれば、社員が経営者に近い感覚で仕事に臨んでくれるのではないかと考えたのです。

この発想が「アメーバ経営」の原点です。私が入社したときは、ちょうどアメーバ経営のひな型ができて、これから精緻な部門別採算制へと練り上げていく途上でした。管理部門の担当者として出荷管理などに従事したあと、採算管理をまとめる責任者になりました。翌年にコンピューターが初めて導入され、購買から支払いまでの一連のシステムを作成。月末締め日の集計はもとより、すべての部門に対する日々の出来高のデータ配付など、タ

イムリーな情報提供を実現しました。

当時、部門別採算制度は、松下電器産業で行われていた事業部制などが知られていましたが、稲盛さんは部や課レベルでの採算がわかるだけでは不十分だと思われたのでしょう。たとえば京セラのセラミック製造部門であれば、原料の調合、プレス、焼成、研磨など、多くの工程がありますが、その工程ごとの採算を出す必要がある。班長、係長レベルの社員が、自分の工程の収支を見られるようにすることが必要だと考えました。

人間というものは面白いものです。自分が働いた結果がどうだったのか、その結果がすぐに目に見えると、がぜんやる気が高まるのです。黒字が出たらチームみんなで喜び合えます。逆に、赤字になったら「なぜ赤字になるんですか」とリーダーに尋ねたり、どうすれば黒字にできるのか、みんなで知恵を出し合うという姿になります。誤解を恐れずにいうと、それは人からやらされている仕事というより、自ら楽しんで記録に挑戦する「ゲーム感覚」といってもいいのです。

こうして、班や係（これを「アメーバ」といいます）の実績を足せば課になり、課を足せば部になり、部を足せば会社全体になる。一つひとつのアメーバが会社全体の業績をつくり、全体の業績を左右する。それを数字として目に見える形にしたのが京セラのアメーバ経営です。現在でも、京セラは、非常に細かいところまで数字が明らかになっています。どんなに巨大な組織になっても、細部まで収支が

PROFILE

森田 直行（もりた・なおゆき）

1967年、京都セラミック株式会社（現京セラ株式会社）に入社。アメーバ経営の仕組みの確立・推進を担当。1995年京セラコミュニケーションシステム株式会社（KCCS）代表取締役社長。2006年、京セラ株式会社代表取締役副会長。2010年日本航空株式会社副社長執行役員として稲盛和夫氏とともに部門別採算制度の導入により経営改革を実行、再建に貢献した。2015年より株式会社NTMC代表取締役社長。著書に『全員で稼ぐ組織 JALを再生させた「アメーバ経営」の教科書』（日経BP）など。

見えている。それが強さの秘訣です。

よき経営理念と企業文化をつくるのは経営者の役割

企業経営の三要素として、よく「ヒト」「モノ」「カネ」が挙げられます。しかし、私は企業の活力の源は人間であり、"人間の差"こそ、事業の成功と不成功を分ける大きな要因であると考えています。

では、人間の力を最大限に引き出すために必要な要素は何か。私の考えでは「経営理念」「企業文化（企業風土）」「経営システム」です。

経営システムは、京セラでいえばアメーバ経営です。係や班、5〜10人規模のチームでも収支が見える化されることで、各人の利益への意識が高まることは、先ほど述べた通りです。

では、利益さえ出せば何をしてもいいのかといえば、そんなことはありません。定められたルールを守り、その中で結果を出す。そこに不正やごまかし

があってはなりません。稲盛さんはこの点をつねに強調していました。「それは人間として正しい行動なのか」と。

京セラにおいて、経営システムとしての「アメーバ経営」と、経営理念である「京セラフィロソフィ」は、車の両輪であり一体不可分なものでした。いくら優れた経営システムを導入しても、それがしっかりとした経営理念に裏打ちされていなければ、単なる利益至上主義に陥りかねないのです。

稲盛さんがフィロソフィを掲げたのは、全従業員の幸福とそれを通して世の中全体をよくすることが経営の目的であることを、つねに明確にしておくためでした。経営理念と経営システム、その底流にあるのが「企業文化（企業風土）」です。どんな集団でも、その集団独特の雰囲気があります。新しく入社した人は、黙っていてもその風土・習慣になじんでいきます。そうしなければ、その会社でうまく仕事を進めることができないからです。

始業時間ギリギリに出社するのか、

それとも余裕を持って職場に着いて仕事の準備を整えるのか。売り上げ目標を達成するためなら多少強引でも契約を取りつけようとするのか、それともどんな時でもお客様が納得するまで丁寧に説明を重ねるのか。この企業文化の違いによって、企業間に大きな格差が生じてしまう。

このよき企業文化、よき企業風土をつくることこそ、経営者と経営幹部の役割です。そのためには、まず自らが率先してよい習慣を実践しなければなりません。それが「当たり前」になれば、おのずと職場の中にもその習慣が根づきます。社員教育というものは、一度や二度教えたくらいではほとんど効果はありません。日々の仕事の中で行われていること、さまざまな局面で下される判断、それらを通して社員は仕事のやり方や考え方を学んでゆくのです。経営者、経営幹部には、それが「当たり前」になるまで、よき習慣、正しい仕事の進め方を実践し続ける覚悟が必要です。

■ JALの経営改革は いかにしてなされたのか

2010年1月、JAL（日本航空）は会社更生法を申請し、事実上経営破綻しました。再建を託されたのが稲盛さんでした。私は稲盛さんの補佐役として、再建事業に参画しました。

二次破綻を懸念する声も多い中、全社挙げての経営改革により、破綻後わずか2年8ヵ月で東京証券取引所に再上場を果たしました。これほど短期間での業績回復と経営再建は誰も予想しなかったことです。

なぜ、このようなことが可能になったのでしょうか。京セラの発展要因がフィロソフィとアメーバ経営の両輪であったように、JALの再建もJALフィロソフィとJAL部門別採算制度の実践によってもたらされています（**図表1**）。

着任当初、幹部へのヒアリングを通して感じた問題点の一つは、JALには経営に必要な数字がないことでした。路線ごとの収支は一応わかりましたが、数字が出るのは翌々月です。もう一つは、誰が利益に対する責任を持つのかが明確でないことでした。当時の幹部の皆さんの基本的な考え方は、「安全が利益よりも優先する」でした。確かに国を代表する航空会社として、安全は何よりも重要です。しかし、「安全運航を維持するためにはお金が必要」（稲盛さんの指摘）であることも事実です。予算で決められた経費を使って着実に業務をこなすのが仕事だと考え、誰も疑いを持っていませんでした。

毎月の業績報告会は、まさに真剣勝負の場でした。役員や幹部の発言の中に、少しでも他人事のような言い方、責任を回避するような態度があれば、稲盛さんは「これは君がリーダーとして出した結果や」と指摘し、時には「おまえは評論家か！」と厳しく叱責されました。

組織を再編しそれぞれの部門の収支を見える化する仕組みをつくるとともに、1便ごとの収支を明らかにするなど、アメーバ経営のノウハウを取り入

| 図表1 | JALのフィロソフィによる意識改革と企業理念（大義） |

JALの意識改革

フィロソフィによる幹部・社員の意識改革

公明正大で、大義名分のある高い目的を掲げ、これを全社員で共有することで、目的に向かって全社員が一体感をもって力を合わせていくことができる。

JAL企業理念

JALグループは、
全社員の物心両面の幸福を追求し、

一、お客さまに最高のサービスを
　　提供します。
一、企業価値を高め、
　　社会の進歩発展に貢献します。

れ、部門別採算をベースにした管理会計を導入しました。自分の日々の仕事が会社全体の業績に直結している——そのことが目に見えるだけで、一人ひとりに利益を生み出そうという意識が生まれます。これは京セラもJALも変わりありません。業績は目に見えて改善し始めました。

同時に、稲盛さんが心血を注いだのが、フィロソフィの浸透です。事あるたびに「航空業は究極のサービス業だ」と職員たちに語りかけました。マニュアル通りに仕事をやっていればいいのではない。現実はマニュアル通りには起こらない。起きていることに対してどう対応すればよいのか、目の前

のお客様に対して何をしてあげることがサービスになるのか、自分の頭で考えて実行するのが仕事なんだと。

こうして自発的な仕事、臨機応変な対応ができるようになってくると、世の中のほうから「最近、JALはよくなった」という声が聞こえてくるようになりました。こうした声が改革をさらに後押しする力になってくれたことは、言うまでもありません。

稲盛和夫「経営12カ条」に込められた意味とは

稲盛さんが実践の中で見いだした経営の原理原則をまとめたものとして「経営12カ条」があります（**図表2**）。一つひとつの言葉はシンプルですが、その意味するところは、「あなたはどうするのか。それを深く考えなさい」ということだと私は捉えています。

たとえば、第1条は「事業の目的、意義を明確にする」。経営者は、事業の目的をどこに置くのか、業績だけを前面に打ち出すのか、それともまず公正明大な大義を掲げてその大切さを訴えるのか。「明確にする」とは、経営者自身が事業の意義や目的を考え抜き、それをわがものとしなければならないということです。

第6条は「値決めは経営」です。自社の商品をいくらで売るのか。原価に基づいて値段を算出するのか、それとも他社の商品と比べて導き出すのか。その場合、自社の利益をどう見込むのか。単純には決められないことに気づきます。どういう条件ならや

図表2	稲盛和夫の「経営12カ条」

第1条	事業の目的、意義を明確にする	第10条	常に創造的な仕事をする
第2条	具体的な目標を立てる	第11条	思いやりの心で誠実に
第3条	強烈な願望を心に抱く	第12条	常に明るく前向きに、夢と希望を抱いて素直な心で
第4条	誰にも負けない努力をする		
第5条	売上を最大限に伸ばし、経費を最小限に抑える		
第6条	値決めは経営		
第7条	経営は強い意志で決まる		
第8条	燃える闘魂		
第9条	勇気をもって事に当たる		

『経営12カ条 経営者として貫くべきこと』（日経BP 日本経済新聞出版）は稲盛和夫の経営哲学の集大成となった

る、あるいはやめるのか、もしくはさらなる改良を加えるのかなど、さまざまな問題にぶち当たるのです。

経営12カ条は、どの項目もそれに対する経営者の思想や哲学が問われます。一人ひとり答えは違うでしょう。どれだけ深く考え、自らの思想・哲学に磨きをかけたのか、その差が経営の差となって表れる——稲盛さんはそう言いたかったのだと思います。●

森田直行が考える「シン・日本的経営」とは

日本のGDPは世界第4位に下がる見通しとなり、今や多くの国から追い抜かれようとしている。新しい事業で伸ばせるのはごく限られた企業だ。だからこそ、多くの企業は現在の仕事の現在の売り上げで利益を残すことが必要で、それにはまず社内改革への取り組みを真剣に考えることが必要となる。特に中小企業の経営改革が喫緊の課題だ。

それには、現在いる社員の協力と努力しかない。まず経営者が腹を割って社員たちと話し、お願いをして、現場の力を引き出す。全員経営の実践である。人間の能力には、それほど大きな違いはない。それをうまく引き出せるか、引き出せないか、そこに経営の差が表れる。破綻したJALも再建したJALも、職員は同じで、人の力を本当に引き出すのは管理会計の革新と、心を奮い立たせる大義。この両輪が新しい日本的経営には必要不可欠だと確信している。

歴史の中で一筋に正道を履み、信義を重んじる

受け継がれてきた企業理念が
一人ひとりのDNAとして息づく

1610（慶長15）年、竹中藤兵衛正高による創業以来、竹中工務店は建築専業と設計施工一貫を事業の柱としてきた。
その源流は、宮大工の「棟梁精神」にある。さらに1926（大正15）年には、会社創立者の竹中藤右衛門が
「企業経営における理想」として社是を制定。信義、勤勉、研鑽進歩、共存共栄など、社是の核となる言葉は
今も色あせず、現代の企業経営こそ大事にすべき価値観に思える。受け継いだ大義の意味を、トップ自らが語る。

Photo: Hideki Ookura   Text: Toshio Kato

佐々木 正人

株式会社竹中工務店 取締役社長

お客様に納得いただける最良のものを提供したい

われわれが掲げる「棟梁精神」とは、建物を施工する技術や知識だけでなく、組織を率いて大きな仕事を成し遂げる統率力を併せ持った棟梁の、「請け負った仕事には最後まで責任を持つ」という強い信念です。

こうした当社の創業精神は、現在の企業理念である「社是」と「経営理念」にすべて表されています（**図表**）。これ以上のものは何もいらない、と思えるほどのものです。会社の経営者として、執行者としても、この創業精神に徹してきました。

「社是」は、1926（大正15）年以降、社員の心得や店報（社報）に掲げられてきたものです。4つの文から成り、冒頭の「正道を履み、信義を重んじ堅実なるべし」は、要は「誠実な仕事をせないかん」ということです。社内社外を問わず、接する人に対して誠実な対応をして、公明正大に堂々と正しい道を歩み、営利本位のみに走ることは厳に慎み、常に建築業の本分を心掛けることによって、やましさのない行動をすべきだと教えています。

続いて、成功や成果に至るまでの努力精進である「勤勉」を尊び、先見性を持って新たな価値の創造を目指す「研鑽」をしなければならないと説き、最後の「上下和親し」は、組織としてほかの人のこともよく考えて「和」の心を持てと教えています。

昔でいうと棟梁がいて、師匠・弟子の関係があったわけですが、建設業はチームワークがないとできないんです。誰か一人でとか、機械がすべてやってくれる、といったものではない。現在も設計や施工にはチームで何十人もがかかわって、協力会社さんとやり取りしながら、チームワークで進めています。「共存共栄を期すべし」は、お客様のみならず、協力会社さんとの関係も含めてのことです。

1972年の社員総会で当社15代目社長だった竹中錬一は、この社是の考え方などを踏まえ、"われわれが建設業を通じて追求すべき真の目的は、常に最良の作品を世に遺すことによって注文者の満足と感謝を得るとともに、その仕事を通じて豊かな明るい環境づくりに貢献することにある"と述べました。そして1976年に導入したTQC活動において方針管理の徹底を図る過程で、"創立以来一貫して持ち続けてきた当社の経営姿勢を日々の活動を通じて体現していくべきである"として、発言の一部を「経営理念」として位置づけました。

それが、「最良の作品を世に遺し、社会に貢献する」です。

加えて、創立者から引き継がれてきた言葉で、私が特に好きなものに、「最大たるより最良たれ」があります。われわれの大義とも言えるもので、この言葉も広く社内に浸透しています。売上規模を増やして利益を上げることだけを求めるのではなく、建設会社としてお客様に最良のものをお渡ししなさい、ということです。これは棟梁精神の、今風にいえば設計、施工、メンテナンスまで、棟梁として携わった仕事に全責任を負う、という考え方にも通じています。

こうした基本的な精神が、社員一人ひとりの中にも染み付いているのかもしれません。そのため、会社の考えと社員個人の考えの間にズレや違和感を感じたことはありません。私自

図表　企業理念（経営理念と社是）

経営理念	最良の作品を世に遺し、社会に貢献する
社是	正道を履み、信義を重んじ堅実なるべし 勤勉業に従い職責を全うすべし 研鑽進歩を計り斯道に貢献すべし 上下和親し共存共栄を期すべし

企業理念は「経営理念」と「社是」で構成され、同社の基本信条、経営姿勢を示す

身、社長になってからも以前と同じ精神のままです。

もちろん企業ですから、最低限の利益は確保しなければいけませんが、その上でお客様に納得いただけるような最良のものをお渡ししたいという思いは社員全員、昔から徹底しています。

この社是や経営理念について毎日1回斉唱したりするわけでもありませんし、ただ自然と社員に伝わってきたと思います。たとえば、来年度の経営目標をどうするかを取締役レベルで話すときも、彼らから出てくるのは、「最低限の会社としての利益は上げつつも、お客様に納得してもらえる良い建築を提供できる適切な工事量はどれくらいか」、「社員が無理なく設計・施工できるキャパシティーはどれくらいか」ということです。

もしかすると一般的な経営の考え方は、もっと売り上げを伸ばして利益を上げるには、何をどう経費節減し効率化するかという話になるのかもしれません。しかし当社の場合は、デジタル化など技術論で生産性を上げようという議論はあっても、強引に効率化を目指したり、社員の意向、働きがいに反して効率や利益を追求することはしません。

現場の社員も、「作品」や「技術力」、「品質」を絶えず口にして確認しており、安全や品質の面で妥協をして利益を浮かそうという発想は持ち合わせていません。そもそも、本音と建前の使い分けといったことが当社にはないのです。

もちろん、危険な作業もある建設業ですから、ときには事故が起きてしまう。そのときは、社内の関係部署が集まって、二度と起こさないための対策を徹底します。なぜこんな事故が起こってしまったのか、若い人たちへの教育が足りなかったのか、協力会社との関係がどうだったのかと真剣に話し合っています。

■ 入社1年目の全寮制が もたらす教育効果

社員に当社の考え方を浸透させ、それに基づく行動がおのずとできるように、新人1年目から身に付ける環境をつくっています。当社では毎年、新入社員約200名が1年間、兵庫県神戸市の寮で共同生活します。全寮制による教育はドイツのギムナジウムを参考にしたもので、その教育制度が整ったのは1953年からです。

1年間、事務系も技術系も、4ヵ月ずつ3つの部署をローテーションで回る方式で、どんな職種で採用されても、4ヵ月間は必ず施工現場に入って学ぶことが義務付けられているのです。残り2つは入社時の職種によって、事務職で入れば営業や経理、設計で入れば設計部門や見積部門など、将来、専門になるであろう部署を回ります。研修が終了してから本配属が告げられます。この70年前から続いている新人研修は私もかつて受けましたし、今後も末永く続けていくことになるでしょう。

各部署において実地で勉強するときには、必ず先輩社員が指導担当につき、対面に加えて、まるで"交換日記"のように、日誌に質問や指示を書いて毎日やり取りします。さらに英会話や建築にまつわる基礎知識などのほか、月1回は役員が交代で出向いてレクチャーします。そこでは新人たちに、設計担当者や現場の長の思い、大阪本店長の思いなど、さまざまなことを伝えていくのです。最後の月は私が行って自分の思いを伝えるとともに、新入社員たちとの対話を行ってい

新入社員が全寮制で共同生活を送る深江竹友寮（神戸市）

ます。このように日頃からさまざまな機会を使って、経営幹部が直接理念を伝えてきたのです。

こうして1年間寝食を共にする中で、同期同士のつながりができ、その後も情報交換が密になりますし、会社の考えを集団としても伝えていくことができます。また、同期の絆があるため離職率は低く、7割弱の社員たちが定年まで勤務してくれます。組織に対する信頼感や安心感があるためだと思っています。

一方、昨今は多様な人材の能力や専門性を活用することも必要と考えており、ほかの世代に比べて層の薄い40代やIT系等の専門性の高い方々の中途採用も増やしています。当社には組織への信頼感や安心感に加え他者を受け入れる風土があり、中途採用の方にも存分に活躍いただいています。もちろんそれらの方々にも会社の理念や考え方を学ぶ機会を十分に提供しています。会社の哲学を理解した社員同士だからこそ、現場で品質や安全の取組みに一丸となって対応することができるのだと思っています。

■絶えず脱皮して社会のニーズに応える

当社ではその仕事に携わった誇りを込め、手がけた建築物を「作品」と呼んでいます。経営理念でいう「最良の作品」とは、その時代における最良の作品を意味します。建築とは生命や財産を守る器であると同時に社会の資産であり、その時代の文化を後世に伝え継ぐ重要なものであると考えるからです。最良を実現するには、絶えず脱皮して社会のニーズに応えるものを作り続けていかなければなりません。

こうした姿勢は今に始まったことではなく東京タワーや日本武道館、東京ドームといった当社のこれまでの「作品」を見たらおわかりいただけると思います。その時代の要請を受けて最新の建造物を目指し、技術を開発し、たとえば地震に対しては、地震に負けない免震構造の建物を作ってきました。今ならサステナブルな木造建築、環境に優しいゼロエネルギービルのような、二酸化炭素をトータルでは排出しないような作品を作り上げなければいけません。底流に流れるものは400年前と同じでも、時代に合わせ、絶えず脱皮して形態はどんどん変わっています。ここが当社として目指しているところです。

人材面も同じです。建設業はこれまで男性中心の職場でしたが、現在は女性活用やダイバーシティーが求められています。当社も、採用数の4分の1近くが女性社員になりました。若い人たちはほとんどが完全共働きで、彼女たちは産休・育休を取得後も働き続けたいと思っているし、われわれも戦力でいてほしい。建築とは組織で作るものですから、現場の所長がいて、次長や担当がいて、というシステムで成り立ってきました。

ただこれからは、「棟梁精神」は残しつつ、師匠・弟子のような封建的な関係性を変容させ、女性や若い人たちに対応した組織にする必要があります。もともと建設業は、男性が毎月長時間残業し、最後は突貫工事で責任を持ってやり遂げるという世界でした。しかし、そうしたシステムや働き方は現在では通用しません。育児や介護のための時間がほしいなど、社員の生活も多様化しています。在宅勤務や時短勤務など一部は実施し始

佐々木正人が考える「シン・日本的経営」とは

当社の経営理念や社是は、日本的経営そのもの。企業としての底流を持ちながらも、実際の活動内容は、未来を見つめて最先端のことへと日々脱皮していくことが、昔も今も日本的経営の特長ではないだろうか。日本は資源の乏しい国であればこそ、各産業において技術力を磨いてきたのだ。

だからこそ、当社は企業の底流に流れる大義や経営理念を守りながら、絶えず脱皮して時代のニーズに合わせた作品を遺している。それには日本の得意芸である時代の最先端を活かした技術とともに「最大たるより最良たれ」の信念で、利害を超越して常にお客様に最良の製品・サービスを提供する精神が重要である。

めていますが、いろんな働き方ができるよう、時代に即した人事制度の改革を早急に実現していきます。

経済は30年停滞したが技術力は失われていない

私は、日本経済でよくいわれる「失われた30年」という言葉には疑問を持っています。というのも、日本の技術力自体は各業界の皆さんの努力で脈々と受け継がれ進歩していると思うからです。ただ、過去長い間デフレが続いたことにより、製品やサービスの価格も上がらず、その結果、賃金も上がらない状況があったのだと思います。

私が入社した40年前は、われわれの協力会社の職人さんの賃金は産業界の中でも高水準に入る職種でした。その賃金をこの30年、他産業に比べ

て上げてこなかったこともあり、なり手が少なくなり、今、建設業界は深刻な人材不足に陥っています。アジアの労働者も、日本よりも賃金の高いシンガポールをはじめ韓国や台湾に関心が向き、なかなか日本に来てくれません。欧米の先進国だけでなくアジアの中でも負け始めているという状況は残念なことだと思っています。現在、物価が上昇傾向にあり、建設費や資材も高騰していますが、見方を変えると建設業がほとんどの資材の原材料を輸入に頼る中、世界の相場に近づいてきた結果と言えるのではないでしょうか。

たとえば、日本のラグジュアリーホテルの宿泊料金は海外に比べて圧倒的に安いそうです。サービスの質に見合うように料金を上げて、しっかり売り上げを確保して人や設備に投資しないと世界には勝てないとの声も聞かれ

ます。

世界経済がインフレの方向に向かっているのに、日本はそれを無理やり押さえ、ものが安く買えるデフレをよしとして暮らしてしまった側面があると思いますが、自分たちの技術やサービスに自信があれば、それに見合う価格で買っていただくという姿勢を示していかないと世界に伍していけないのだと思います。

当社も建築業として、品質や技術力を磨き、「さすが竹中」と言われるよう努力してきたつもりです。海外のお客様と現地でお会いすると、当社の技術力や品質の高さにお褒めの言葉をいただきます。海外で日系企業だけでなく、現地資本のお客様、さらには世界的なグローバル企業からも仕事の依頼が増えてきているのは日本の技術力、竹中工務店の技術力が信頼されている証だと思います。日本は人命や地震への意識から耐震性の技術に優れ、構造の緻密さやデザイン面も評価されています。日本の強みを理解し、未来に目を向け、自信をもって前へ進むべきだと思います。

「建築を業とするものは建築の職人であって、営利のみを追求する商人であってはならない。利害を超越すべし」。これは竹中工務店に受け継がれているDNAです。多様化する価値観、グローバル化の進む経済、そして一層の努力が求められる地球環境への配慮。こんな時代だからこそ、400年にわたって受け継いできた「匠の心＝棟梁精神」が求められているのではないでしょうか。●

PROFILE

佐々木 正人（ささき・まさと）

1953年兵庫県生まれ、1977年東京大学工学部都市工学科卒業。同年4月に株式会社竹中工務店に入社後、開発計画本部課長、関西プロジェクト推進本部長など、都市開発にかかわる業務に長く従事。うめきた（大阪駅北地区）プロジェクトなどを手掛けた。2012年に執行役員、2015年に常務執行役員、2017年に専務執行役員。取締役専務執行役員を経て、2019年3月から取締役執行役員社長に就任。

3

江戸時代に学ぶ
マネジメント

戦後の高度成長期から平成バブルまで、日本企業は世界経済に影響力を与えるパワーを持つようになった。

勤勉で、職務に忠実な日本企業の統治と経営のシステムが築かれてきた背景には、実は明治維新以前、江戸時代の組織と日本人の考え方・働き方が大きく影響している。

日本的経営の原型を探るためには、歴史をひも解く旅に出ることが必要だ。江戸時代の思想・仕組みと、今の日本の組織の関係を俯瞰しながら、現代の組織の在り方・働き方・学び方を考察していく。

先見性ゼロの家康が持つ
リーダーの資質とは

――なぜビジネスパーソンは、歴史に学ぶことが必要なのでしょうか。

　私は、歴史は繰り返すものだと捉えています。なぜなら時代や場所が違っても、生まれ育って青年期を迎え、壮年期を経て老熟し、死を迎えるという人間の原則・原理は変わらないからです。これは組織や国家の栄枯盛衰にも言えることであり、歴史上にはそうした事例が無数にあります。

　しかもすでに答えが出ているわけですから、歴史（過去）から得た学びは、自分の未来に活かしうるのです。

　ただ、結果を知っているだけではビジネスへの活用はできません。そこに

至るまでに人は何を考え、どう行動したかというプロセスが重要です。

　では、現代社会において参考になる歴史上の人物は誰かというと、私は家康を挙げます。幼い頃に人質生活を強いられ、三河国という小国の領主となってからは、織田信長に従属して何度も危機に遭遇。あまたの苦難を乗り越えて天下統一を成し遂げ、江戸時代の礎を築いた家康の人生は、教訓に満ちています。

――家康といえば"狸親父"というイメージが世間では一般的です。

　「天下分け目の戦い」と言われた関ヶ原の戦いで、石田三成率いる西軍の武将を、あの手この手で懐柔して勝利。さらには豊臣秀吉の息子・

秀頼が再興した京都の方広寺大仏殿に難癖をつけ（鐘銘事件）、大坂の陣を引き起こして豊臣家を滅亡に追い込んだことなどが、「家康は腹黒い」と印象付けているのでしょう。しかし私は、世間に浸透している家康像には、多くの誤解があると思っています。

　「鳴かぬなら鳴くまで待とう時鳥」もその一つ。家康の忍耐強さを表した句として有名ですが、実は彼は激しやすい人間でした。生涯最悪の負け戦とされる「三方ヶ原の戦い」も、家康の短気が敗北の主因だったと言われています。

　しかも、彼には先見性もありませんでした。私はリーダーシップの要諦は「大局観」だとよく話しますが、信長の大局観を100としたら、信長のまね

過去の教訓から、次に起こることを推測する

江戸時代のシステムは、なぜ260年続いたのか

現代のビジネス社会を生き抜くためには、

歴史に学び、先人の経験や処世術を取り入れることが大切だと語る歴史家・作家の加来耕三氏。

なかでも徳川家康が開いた江戸幕府の運営には、現代にも通じるヒントがいくつもあると言う。

260年余りの長きにわたる泰平をもたらした江戸時代のシステムは、どのようにして築かれたのだろうか。

Photo: Yojiro Terasawa   Text: Aki Nakagawa

加来 耕三

歴史家
作家

をした秀吉は10程度で、家康にいたってはゼロです。ところが織田家は「天下布武」に王手までを世間が認めても1代、豊臣家は天下を取っても2代で終わったのに対し、徳川家は15代もの将軍を出しています。大局観を超える、リーダーとしての資質が家康にはあったと考えざるを得ません。

■ 敵をも受け入れる「寛容さ」
■ 先人をまねて生き抜く

──家康は何をもって乱世を生き抜くことができたのでしょうか。

私は、家康の「寛容さ」が最大の要因だったと考えています。たとえば、三河一向一揆では、家臣の本多正信に裏切られて窮地に追い込まれまし

た。しかし、家康は一揆鎮圧後しばらくして正信を許し、関ヶ原の戦いでは再び参謀として重用しています。

また、信長の命により、家康はやむなく嫡男の信康に切腹を命じた重大事がありました。これは信長が信康の謀反を疑ったことに起因しますが、信長に事実を問われた家康の重臣・酒井忠次が、申し開きをせずに認めたことが決め手になったと言われています。つまり、家康にとって忠次はわが子を死に追いやった張本人なのですが、家康は忠次を処罰することなく、そばに置き続けました。そのおかげで忠次は後世、徳川四天王の筆頭と言われるようになりました。

なぜ、家康はここまで寛容でいられたのか。それは家康もまた歴史に

学んでいたからだと、私は考えます。

家康は祖父、父ともに、激しやすい性格が原因で家臣に殺され、自身も家臣の寝返りによって織田家での人質生活を余儀なくされました（その後今川家でも）。絶望的な日々の中で、自身が生まれた松平家の再興のためには家臣をまとめなければならない、と家康は学んだはずです。「もう二度と内乱を繰り返してはいけない」、そう思ったからこそ彼は怒りを抑え、反旗を翻した家臣を受け入れたのでした。忠次のことも、もし許さなければ同じ過ちを犯すだろうと考えたのでしょう。鉄の結束と称される三河武士団は、家康の寛容さのもとに団結していた、と言えます。

武田信玄に敗れた三方ヶ原の戦い

での学びが活かされたのが、関ヶ原の戦いでした。城攻めが苦手な家康は、大垣城にいた三成を釣り出して関ヶ原での決戦に持ち込みました。実は、これは三方ヶ原で信玄が家康に仕掛けた作戦と、まったく同じ戦法だったのです。「学ぶ」は、まねるという意味を持つ「まねぶ」と同源とされています。つまり家康は、大敗させられた信玄をまねることで、今度は逆に勝利したのです。

──過去の失敗や嫌な体験は忘れようとするのが人間ですが……。

私は三方ヶ原での敗戦が、家康の人生における最大の分岐点だったと思っています。彼はこの時に猛省し、自分は信玄と互角に争った信長や上杉謙信には遠く及ばない凡庸な人間であることを認めました。そして、凡庸な自分が戦国の世を生き残るには敵をも受け入れ、まねることだ、と悟ったのです。

豊臣政権下において、家康に対する有力大名の支持は高くありませんでした。それなのに秀吉の死後、多くが家康についたのは、なぜか。ある大名はこのような言葉を残しています。

「徳川殿についていっても、ろくなことはないだろう。が、今よりは悪くならないだろう」

家を守るために、刃向かった者を不問に付し、長男をも殺した家康が、はたからは極めて公明正大な人物に見えたのでしょう。彼が持つ寛容さが、リーダーと仰ぐに値すると、認められたのだと思います。

創業者精神継承に努める 実は聡明な2代目秀忠

──天下の実権を握ってからは、どのように江戸幕府の礎を築いたのでしょうか。

「二度と乱世に戻さない」というのが苦難の道を歩いてきた家康のス

ローガンでしたから、まず下克上を封じ込めようとしました。勉強家だった家康は、1467年に始まった応仁の乱以降、下克上が頻繁に起こって戦国時代に突入したことを理解していました。そこで大坂夏の陣で豊臣家を滅ぼすと、すぐに2代将軍秀忠の名で一国一城令を発令し、大名に居城以外の城を破却させ、防衛拠点を潰し、軍事力を削減させました。

また、武家諸法度や禁中並公家諸法度を公布して、幕府による統制強化を図り、さらには家光を3代将軍に命じます。家光は幕藩体制を確立した名将軍というイメージがありますが、実はこれも誤解です。幼い頃から病弱で、愚鈍というのが周囲の評価でした。

徳川家にはほかにも有能な候補者がいたのに、家康はあえて家光を3代将軍にしました。なぜなら、家光が秀忠の嫡子だったからです。戦国時代の後継者は、嫡子に限らなかったため、しばしば跡目争いが起こりました。家康は兄弟が争うことで徳川家の基盤が崩れないように、「嫡子による家督相続」を徹底しようと考えたのです。この前例にともなって、嫡子による相続は一般化していきました。

こうして幕府の基盤をつくった家康でしたが、大坂夏の陣から1年後の1616年に逝去しました。その後、実質的に幕藩体制を固めたのは、2代目の秀忠です。

──秀忠は関ヶ原の戦いに遅参するなど、「凡庸な2代目」と言われてい

PROFILE

加来 耕三（かく・こうぞう）

歴史家・作家。1958年、大阪市生まれ。奈良大学文学部史学科卒業。大学や企業の講師を務めながら、著作活動を行っている。近著に『戦国武将と戦国姫の失敗学』『徳川家康の勉強法』『歴史に学ぶ自己再生の理論』や『がんばらなかった逆偉人伝 日本史編』（監修）など。

ます。

　いえいえ、秀忠は非常に聡明な人物だった、と私は評価しています。家康は1603年に征夷大将軍に任命されて江戸幕府を開くと、そのわずか2年後に秀忠に将軍職を譲って隠居します。しかし、その後も大御所として幕府の実権を握り続けました。

　秀忠は事あるごとに家康にお伺いを立てたので、お飾りの将軍だと揶揄されても仕方がなかったかもしれません。ただ、これは秀忠が家康を表に立たせ続けるための工夫だった、と私は考えています。

　秀忠は年寄（のちの老中）と意見が異なっても、家康の言葉に従い、幕府は一糸乱れずまとまっている、と内外に示したかったのでしょう。そのうえで、家康ですら粛清できなかった不純分子をも、家康の死後、法の下で改易（領地没収）し、幕府の統制を強めています。

　秀忠と対照的なのが武田勝頼でした。彼は極めて優秀でしたが、ただ一つ失敗したのは父・信玄を超えようとしたこと。信玄が落とせなかった城を落とし、城を築かなかった父と競うように城を築き、その結果、重臣らとの信頼関係が崩れてしまいました。

　現在の企業においても、初代を超えようとする2代目は少なくありません。初代は時とともに偶像化されていくため、張り合おうとすればするほど、周囲の反発を生んでしまうのです。秀忠はそのことを理解していたからこそ、自分は目立たずに、創業者である家康の精神を軸としながら、次世

「しかみ像」と呼ばれ、戦いに負け、顔をしかめた姿を描いたとされる「徳川家康画像（三方ヶ原戦役画像）」（徳川美術館所蔵 ©徳川美術館イメージアーカイブ／ DNPartcom）

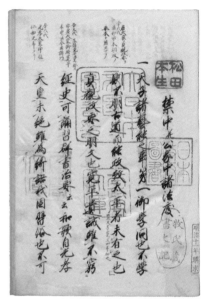

「禁中並公家諸法度」（国立公文書館所蔵）

代につないでいくことを第一に考えました。家光を名君というならば、それは秀忠がそう見えるよう演出したからですし、4代家綱が文治政治に移行できたのも、秀忠が武断政治によって厳しく天下を取り締まり、幕府の基盤を整えたからだと言えます。

　家康は死の間際、秀忠に「今の世をどう思うか」と問い、秀忠が「乱れております」と即答したのを聞いて、深く納得したといいます。

　秀忠に転換期を乗り切る覚悟があることがわかり、政治を任せられると、喜んだのでしょう。

■実力主義で長期政権を可能に　一方で崩壊リスクも内包

　──先に述べた諸法度は幕末まで機

能しました。こうした統制も、江戸幕府が265年も続いた理由でしょうか。

　江戸時代は階級社会と言われますが、実は実力主義の側面がありました。足軽の家から老中になった田沼意次に代表されるように、能力があれば出世できる方法はあったのです。

　また、基本は支配階級の武士と、被支配階級の農民や町人から構成されていましたが、階級間の流動性も高く、庶民が養子縁組によって武士になることも、庶民が武家の次男、三男を養子に迎えることも少なくありませんでした。名字を名乗る権利は武士のみとされつつも、屋号や家紋は農民、町人も持つことができました。統制を取りながら、政治や経済の世界に実力主義を取り入れたことは、長期政権を可能にした一因と言

えるでしょう。

ただ、幕末に至るまで、抜本的な改革が行われることはありませんでした。享保の改革や天保の改革など、何度も着手してはいるものの、うまくいきませんでした。なぜなら、家康の遺言の存在があまりにも大きかったからです。

家康は「自分の死後も生前同様に」と言い残しました。その制度を容易に変えることができなかったのです。

松尾芭蕉が示した俳諧の理念「不易流行」は政治や企業経営にも当てはまります。物事にはつねに、変えてはならないもの「不易」と、状況に応じて変えるべきもの「流行」の2つがあります。江戸幕府は後者の「流行」がうまくいきませんでした。

私は幕藩体制を潰したのも、家康だったと考えています。

──具体的には何が問題だったのでしょうか。

泰平の世を目指した家康でしたが、戦国時代に生まれ育った彼は、「泰平」がどういうものかを知りませんでした。ですから、戦国時代の庶民が求める幸せを基準としてしまいました。

たとえば、おなかいっぱいご飯を食べること。戦国時代は食糧が満足に備蓄されておらず、農民はつねに飢えに苦しんでいました。そこで家康は、米本位制を経済の基盤とします。収穫した米を江戸や大坂で現金化し、物資の購入に充てる仕組みですね。

もともと江戸時代以前から実施されていた仕組みでもありますから、疑問

に思うことはなかったかもしれません。しかし、米は天候によって取れ高が変動します。決済は米の収穫にあわせて年に1度しかできず、基本は掛け売りとなります。これでは経済が回りません。そのうえ世の中が安定し、生産量が増えるにつれ、米の価値は下がりデフレに陥ってしまいます。“米将軍”と称された8代将軍吉宗は、享保の改革で財政を立て直そうと米価対策に奮闘したものの、ついに米本位制を廃止するには至りませんでした。

その後も慢性的な財政難が続いたため、参勤交代などの制度で経済を圧迫された各藩は、藩政改革に乗り出し、財政や軍事力の強化に努め始めます。そのような折に黒船が来航し、日本はいわゆる明治維新へと向かっていくのです。明治維新は諸外国への脅威とそれに対する幕府の弱腰外交が原因だったと言われますが、それはあくまできっかけの一つにすぎません。幕藩体制を整えた時点で、すでに崩壊する原因が内在されていたのです。もし、家康に信長のような大局観があれば、江戸時代は違った未来になっていたでしょう。

──その後、明治期の日本は近代化を進め、現在に至ります。

迅速に近代化を推し進めることができたのは、江戸時代の土台があったからだと思います。平和が訪れて生活が安定したことで、庶民も寺子屋で読み書きや算術を学ぶようになり、教育水準が上がりました。

江戸期の日本の識字率は、イギリス

やフランスよりも高く、世界トップクラスだったと言われています。

また、鎖国にしてもすべての外交を断ったわけではなく、李氏朝鮮や明・清、オランダからは必要な物資や技術を取り入れていました。幕藩体制は窮屈だったかもしれませんが、「二度と乱世に戻さない」という、家康のスローガンのもとで緩やかな発展を遂げたのも、江戸時代でした。

日本経済が低迷する現在、企業は人材不足やグローバル化・デジタル化への対応など、さまざまな課題を抱えています。今はネットで調べればすぐに情報が得られますが、大切なのは立ち止まり、なぜそうなったのかを考えるなど、まずは疑問を持つことです。そして過去の教訓から、次に起きることを推測・検討して行動すること。家康がそうやって江戸幕府を開いたように、日々の成長や課題解決のカギは、間違いなく「歴史」にあります。経営者の皆さんも、ご活用いただければと思います。⚫

組織改革の本質は昔も今も変わらない

経営者は上杉鷹山と
二宮尊徳に学べ

御年96歳。童門冬二氏は「歴史に見る組織と人間」をテーマに歴史小説やノンフィクションに新境地を拓き、
数々の話題作を世に送り出してきた。民と領主が主従関係を超えた信頼で結ばれ、地域の自立と発展を実現した
上杉鷹山と二宮尊徳の実践に、現代にも通じるマネジメントのヒントがあると語る。

Photo : Hideki Ookura　Text : Kunihide Wakabayashi

童門 冬二

作家

組織の「情報共有」度合いが生産性に影響する

専業作家になる前の約30年間、僕は東京都庁に勤めていました。

昭和42年（1967）に美濃部亮吉さんが都知事になられ、広報課長になった僕は美濃部さんのスピーチライターを務めることになったんです。

話すスピードが、400字詰めの原稿用紙1枚につき約1分。そんな計算をして、1時間のスピーチだというので、60枚の原稿を書いて持っていきました。

さらっと目を通して、美濃部さんは言いました。

「太田君」

太田というのは、僕の本名です。

「そこのくず籠を持っていらっしゃい」

わかりました、と言って持っていくと、60枚の原稿を丸ごとくず籠の中に捨てたんです。

（よくもこんな扱いをしてくれるよな。こっちは曲がりなりにも芥川賞候補だぞ）と内心思いました。（編集部注：童門冬二氏は在職中から作家活動を行っており、作品が第43回芥川賞候補にノミネートされた）

知事はこう言いました。

「僕が欲しいのは、都民が耳で聞いてわかる原稿だ。君の文章は形容詞や副詞が多くて文学色が強すぎる。もっとシンプルに、こちらの言いたいことがストレートに相手に伝わるように書き換えてくれ」

これはもっともな指摘です。同時に、そういう文体を書ける日本の文学者は、まだいないのではないかとも思いました。新しい文学領域の可能性を教えてもらったのかもしれない。そんな気持ちで、ゴミ箱から捨てられた原稿を出して持ち帰りました。

都知事が言いたかったのは、「都政の理念や方針を、都民と共有できるようにせよ」ということだったと思います。

このことの大切さを示す研究が、アメリカにありました。「ホーソン実験」と呼ばれるものです。

僕が都庁の係長だった頃、この手のマネジメントに関する本が、「カッパ・ブックス」というシリーズからたくさん出されていたんですね。その一冊に「ホーソン実験」のことが書いてありました。シカゴ郊外にあった電機機器メーカーの工場の話です。この工場では、工員たちのモラールダウンに困っていた。そこで、ハーバード大学にリサーチを依頼して、原因を究明しました。

その結果、働く人の生産性やモラールは、物理的な条件よりも、上司との関係や組織内での情報共有の度合いに大きく左右されるということがわかった。何のためにこの仕事があるのか、目的がわからない。これが工員たちのモラールダウンの要因だったのです。

問題は、管理職にありました。彼らが下に情報を伝えていなかった。

「こんな話をしても、工員たちは理解しないだろう」「企業秘密だから彼らに教えるわけにはいかない」などの理由です。

報告を聞いて、社長が組織改革を行いました。

上層部だけが情報を独占するのではなく、全社で共有するようにしたんですね。そうすると、働く人のモラールが向上し、工場の生産性が高まった。

当時のカッパ・ブックスは、こうしたタイムリーなテーマを扱っていたので、僕はよく読んでいました。そしたら、都庁の昇進試験はほとんどそんな中身でしたね。僕が課長になれたのは、カッパ・ブックスのおかげです。

「民のために働く」という理念を藩全体で共有

近代工業化社会になる以前、江戸時代からすでに日本では、上下の隔たりなく、情報共有の大切さを提唱していた人物がいます。細井平洲です。

細井平洲は尾張出身の儒学者で、江戸に出て私塾を開き、多くの門人を育てました。

平洲が強調したのは「武士のために領民が存在するのではない。領民のために武士が存在するのだ」ということです。

僕は都庁の職員として、これを職員と都民の関係に当てはめて考えていました。公務員とは「公僕」（パブリック・サーバント）です。民がマスター（主人、雇い主）なんです。民が税を納め、その税から公務員の給料が支払われるんですから。

当時、都庁の職員は30万人いました。30万人の職員がパブリック・サーバントになることが重要だと僕は考えていた。

これは、都民の言うことは何でも聞き、都民のニーズはすべて満たしてあげる、ということではありません。「やるべきこと」「やったほうがよいこと」

「やらないほうがよいこと」「やってはいけないこと」、この4つの区別を明確にする必要があります。僕は都庁で長く「広報」を務めてきました。英語では「PR（パブリック・リレーションズ）」といいます。職員と都民は、ともに協力し合う関係を築かなければならない。よい職員と、よい都民は同格。そして都民も「公衆」としての節度が要ります。

都庁時代に僕がやりたかったことは、職員と都民が、公僕と公衆というパブリック・リレーションズを結ぶことです。

細井平洲が目指していたのは、このことではないかと思ったのです。

その細井平洲の教え子の一人が、米沢藩第九代藩主の上杉鷹山です。平洲の教えを実際に藩政の場で体現したのが鷹山でした。

鷹山が藩主になって、いよいよ藩政改革に乗り出そうというとき、平洲は次の言葉を贈りました。

「勇なるかな勇なるかな、勇にあらずして何をもって行わんや」

改革というものは、嫌われ者になることです。米沢藩の武士たちが嫌がることをやらなければならない。「そのためには勇気がいるぞ」というエールなんですね。

実際、鷹山が部下たちに言ったのは、「領民がいるから武士の生活は成り立っている。だからわれわれ武士は領民のために仕事をしなければならない」ということです。

米沢の武士たちは、面食らいました。「藩を治めているのがわれわれ武士であるから、領民は武士のために

PROFILE

童門 冬二（どうもん・ふゆじ）

1927年東京都生まれ。東京都において広報室長、政策室長などを歴任。美濃部亮吉都政3期12年を知事のスピーチライターとして支えた。『暗い川が手を叩く』で第43回芥川賞候補。1979年に退職し、作家活動に専念。主な著書に『小説 上杉鷹山』（学陽書房）『上杉鷹山の経営学』『上杉鷹山と細井平洲』『二宮尊徳の経営学』（以上、PHP研究所）『上杉鷹山の師 細井平洲』（集英社）『90歳を生きること 生涯現役の人生学』『家康名臣伝』（以上、東洋経済新報社）など多数。

働くのが当然だ」という考え方が当時の常識だったからです。武士と領民の位置づけが全然違います。

しかし、鷹山が来る前の歴代の米沢藩主は、石高を減らされても役人の人員整理をせず、莫大な経費のかかる祭礼や慣習しきたりも見直さず、支出を垂れ流し続けた。そのしわ寄せを被ったのは、家臣や領民でした。

藩士の給与は半分に減らされ、領内の農民は、絞れるだけ絞り取られた。家格を売って武士の身分を放棄する藩士、土地を捨てて逃亡する農民が続出しました。藩財政も人心も、ボロボロになったんです。

もはや一刻の猶予もない。鷹山はまず、すべてのムダをなくす大倹約令の発布から始めました。

体面を重んじる古い重役たちからは、強い反対を受けましたが、鷹山自ら率先して質素倹約の生活に徹し、

これを断行しました。

改革を実行する際、鷹山はその趣旨や骨子を書いた刷り物を事前に全藩士に配付しています。改革のねらいは「民を豊かにする。それによって国が豊かになる」ということです。これを藩全体で共有しようとしたんですね。

そのうえで、組織の末端の武士まで集めた大会議を何度も開催しています。改革の趣旨を訴えると同時に、藩士たちの意見を吸い上げることに努めた。これは前例のないことでした。

当然、抵抗も大きくなります。7人の重役が、その中心でした。彼らは「反対しているのは自分たちだけでない。これは全藩士の意見だ」などと言います。

すると鷹山は、また大会議を開いてこれを確かめるんです。そして、重役のいうことが嘘だとわかると、鷹山は7人を厳罰に処しました。

改革の火種を燃やす
身分制度を超えた事業展開

　節約だけでは財政再建はできません。どうやって収入を増やすのか、鷹山は財源の調達にも知恵を絞りました。

　当時の税の体系は米が中心です。しかし、米沢は寒冷地で必ずしも米作に適しているとはいえません。もっとこの地に適した作物を植えるべきではないかと考えて、漆、楮、桑、藍、紅花などの栽培を推進しました。

　漆からは塗料、楮からは和紙、桑からは養蚕による生糸……などと原料から製品に加工することで付加価値を高めることができます。こうして米一辺倒だった収入源が多様化し、税収の安定化につながりました。

　これらの新しい産業に携わる人材はどうしたのかといえば、鷹山が目をつけたのが、武家の女性や高齢者です。武家の人間を、農業や手工業、さらには商業に充てる。これは士農工商の身分制度を事実上無力化する斬新な発想でした。

　藩士だけではなく、鷹山は領内を頻繁に視察して領民と言葉を交わし、信頼関係を築きました。すると領民たちも、これまでのように与えられるのを待つ姿勢ではなく、「自分たちは藩のために何ができるか」という観点で物事を考えるようになりました。

　鷹山は「灰のようなこの国にも、まだ消えていない火種がある。ここにいる人間の一人ひとりがその火種なのだ」といって、その火種を藩全体に燃え立たせたのです。

　厳しい生活を強いられる領民に心を馳せ、改革を拒否してぬるま湯から抜け出そうとしない者は容赦なく叩きのめす。こうしてみると、鷹山というのは、つくづく任侠心にあふれた人物だと思いますね。

「あの人の言うことなら」
と言われる人物になれ

　細井平洲が重視した書物は儒教の経書の一つである『大学』です。

　この『大学』を座右の書にして、これ以上読み込んだ人はいないというくらい熟読したのが、のちに「尊徳」と呼ばれるようになる二宮金次郎です。昔の小学校には、薪を背負って本を読みながら歩く金次郎の像がありましたね。あれは『大学』を読んでいた姿です。

　二宮尊徳から、現代のリーダーは何を学ぶべきか。

　それは「風度」です。風度とは、その人が持っている風格や雰囲気のようなものです。「あの人の言うことなら、信用できる」ということがあります。この"なら"と言われるような人。これが風度のある人物です。

　尊徳の転機になった出来事として、下野国桜町領の復興があります。ここは小田原藩が持っていた飛び地です。

　ここが経営難に陥ってひどい状態になっていた。領民は働く気をなくし、土地は荒れ、昼間から酒や博打に興じているというありさまだった。「これを何とかせよ」という命を、尊徳は受けたわけです。

　尊徳は自分が持っていた田畑・家屋・家財のすべてを売り払って、任地に赴きました。「ここに骨をうずめる」という決意で臨んだんです。

　桜町に赴任した役人は、たいてい小田原城のほうを向いて仕事をしま

写真左：上杉鷹山像（江戸中期の米沢藩士の画家・左近司惟春作、米沢市上杉博物館所蔵）
写真右：二宮尊徳座像（江戸末期の小田原藩士の画家・岡本秋暉作、報徳博物館所蔵）

す。一日も早く小田原城に戻りたいと思っている。地方の支店に転勤を命じられた会社員が、早く本社に戻りたいと思うのと同じですね。尊徳は、そうではなかった。

では、皆に快く迎えられたのかと言えば、そう簡単な話ではありません。既得権のある者、現状を変えたくない者にとって、改革者は余計なことをする目障りな存在です。尊徳も反発や抵抗に遭って苦労しています。

改革には正の側面もあれば、負の側面もあります。一つの出来事でも、負の側面しか見ない者からは否定的な声しか上がりません。

しかし、賛成と反対の間には、多くの中間層がいます。しばらくは様子を見ようという者たちです。さまざまな改革を進めるうちに、かれらの間に「二宮という人は、何かが違う」という評判が立ち、次第に尊徳に対する好

童門冬二が考える「シン・日本的経営」とは

戦前まで日本で教えられていた教育勅語の背景にあったのは『大学』だった。「修身、斉家、治国、平天下」。現代の企業の言葉に置き換えると、社員一人ひとりの独立と、平和的な組織運営、安定的な地域社会を希求するものだ。この考え方が逆に現代には役に立つのではないか。

そして、今の企業が追求すべきは、江戸時代の近江商人の「三方よし」の精神だ。「売り手よし」は企業の繁栄。「買い手よし」はお客様の満足。この二者間のビジネスが信用、信頼によってうまくいけば「世間よし」。多くの企業にその考え方が広がっていけば、世の中も平和になる。それがシン・日本的経営のバックグラウンドになってくれればよいと願っている。

意的な見方が広がっていきます。

人を変えることができるのは、やはり人の力です。「何をやっているのか」ではなく、「誰がやっているのか」に人は注目します。桜町の村民は、「二宮先生のおっしゃること"なら"」と思うようになった。リーダーには風度が必要なんです。

その結果、10年という歳月を要しましたが、桜町領は飢饉に対する備えも十分な豊かな地域に生まれ変わりました。

今の日本に足りないものは互いに自立した関係の構築

鷹山と尊徳。二人の改革者は、領主と領民、名主と農民の関係を変えました。トップダウンで命令するのではない。両者は対等なパブリック・リレーションズを築き上げました。

政治家と国民、事業者と消費者も同じです。互いに自立した責任ある関係を構築することが、新しい日本的

経営には必要でしょう。

今の日本に何が足りないのか。それは『大学』ではないかと思います。

『大学』の要諦は、「修身、斉家、治国、平天下」です（**図表**）。

修身とは、我が身を修めること。物事の道理を理解し、知性を働かせ、思いを誠実に心を正しく保つと、身は修まり行いが正しくなると説きます。

斉家とは、家を整えること。わが身が修まれば、家庭をまとめられます。

治国とは、現代的にいうと、地域社会や地方自治に当たります。それぞれの家庭が整えば、安定した地域、安定した地方自治が実現します。

そして平天下。各地域がよい地方政治を行えば、平和で安定的な国家運営ができるということです。

どれも現代の民主主義の価値観と、何ら矛盾しません。そういう面でも、江戸期のマネジメントとリーダーから私たちが学ぶべきことは、まだまだ多いはずです。●

図表 童門冬二氏が直筆で説く『大学』の要点

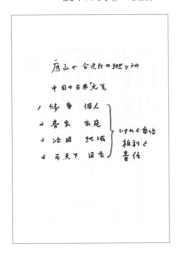

規範を失った現代の日本 江戸社会が目指した姿に学ぶ

今、日本では毎日のように企業の不祥事が報じられています。なぜ企業社会にこれほど不正がはびこるのでしょうか。

不正とは、正しくない行為です。「正」という文字は、「一」と「止」に分解することができます。私たちはここから「この一線で止まれ」という意味を汲み取ることができます。

「この一線」とは、規範のことです。日本社会が「規範形成教育」を放棄してしまったがために、何が正しいことなのかがわからなくなり、止まるべき一線をいとも簡単に踏み越えてしまうようになったのです。

かつての日本には、しっかりとした規範形成教育がありました。それが江戸時代の教育です。けっして古びた時代遅れのものではありません。それどころか、現代人が見落としている重要な観点があり、私たちがどうすることもできずにいる問題に対して、貴重な解決策を提示してくれています。

では、江戸時代の教育とは何を教えたのでしょうか。

江戸の教育の根底には儒教思想があります。儒教思想の神髄とは、「愉快な人生と健全な社会によって平安な世の中が築かれる」というものです。

一つは、愉快な人生にするために「君子」すなわち立派な人間になれ、といいます。

江戸時代、藩校や寺子屋での最初のテキストは『大学』でした。その冒頭には、「大学の道は明徳を明らかにするにあり」とあります。人間にとって最も重要なことは、「人間に備えられた徳を発揮することだ」というのです。

「徳」とは、「自己の最善を他者に尽くし切ること」です。このような思いで他者と接すれば、どうなるでしょう。周囲の誰もに親しまれ、愛され、尊敬されます。友だちがたくさんでき、さびしい思いをすることがありません。

すると、幼な心に理解します。「そうか、徳を身に付ければ付けるほど、自分が幸せで愉快な人生を歩めるんだ」と。

もう一つは、社会の健全性です。これは、道理が通る世の中をつくれ、ということです。

物事の道理が通らない。一部の人間がおのれの恣に振る舞うことがまかり

リーダーの徳によって健全な社会をつくる

規範形成を重んじた江戸時代の叡智と教育力

現代の学校教育は、知識重視の集団教育で、試験でいかに高得点を上げるかが重視される。
対して江戸時代の教育は規範形成を重んじ、一人ひとりの天分の開花を促し、「よりよい人生のための基礎づくり」が
重視された。コンプライアンスが問われる現代の企業でも、倫理観を養う教育は必須であり、
さらに個性を活かし、ウェルビーイング（心身が健全で幸せな状態）であることが、企業人に望まれている。
われわれは今、改めて江戸時代の教育を見つめ直し、その叡知から学ぶ必要があるのではないだろうか。

Photo: Yojiro Terasawa　Text: Kunihide Wakabayashi

田口 佳史

株式会社イメージプラン 代表取締役会長

通る。これはとても生きにくい社会です。

　道理が通る世の中をつくるためには、まずリーダーが道理を理解していなければなりません。しかし、それだけでは不十分です。民もまた道理とは何かを理解している必要があります。

　民主的に選ばれたリーダーであっても、いったん権力を握れば利己心が湧き上がってワンマンになり、暴虐非道なことをするようになったケースは歴史上枚挙にいとまがありません。つまり、仕組みを整えただけではダメなのです。国民・市民がしっかり道理を理解していれば、そのような道理をわきまえないリーダーが出現しても「それはおかしい」という声が上がり、勝手気ままな振る舞いを許さない健全な社会になります。

　ここが、江戸時代の儒教教育の重要な点です。徳を身に付けることで、一人ひとりの人生が愉快になる。そして、その中から有能なリーダーを輩出するだけでなく、民が道理を理解することでリーダーの横暴を許さない世の中をつくる。徳川家康が儒教をベースに社会を構築しようとした理由はそこにありました。

現代と江戸時代の教育は何が違うのか

　儒教では、人間は生まれながら四つの徳を持っていると説きます。「惻隠」（困っている人を見ると気の毒だと思う心）、「羞悪」（自分の不善を恥じ他人の悪を憎む心）、「辞譲」（謙遜して他人に譲る心）、「是非」（道理に基づき善し悪しを判断する心）です。これを「四端」といいます。

　四端とは、端緒であり徳の萌芽です。成長することで、それぞれ「仁」「義」「礼」「智」という徳になります。自分の中にこれらの徳が育まれると、相手の中に「信」が芽生えます。こうして、人間として最も大切な徳目「仁義礼智信」（五常）が備わるのです。

　江戸期の教育は、6歳からこれを教えました。子どものころから五常の大切さを知り、身に付けていくからこそ、「規範形成」ができたのです。

　ところが、現代の教育はまるで反対のことをしているといっても過言ではありません。私がある教育関係者に規範形成教育の大切さを説いたところ、「そんな難しい話は子どもにはわ

かりません」という答えが返ってきました。あまりにも子どもをバカにした話ではありませんか。

「江戸のような古い価値観を教えるべきではない」という人もいました。「もっと現代にふさわしいテーマを教えるべきだ」というのです。その中身を問うと「主張がうまくできること」だといいます。

現代の教育が「やさしいことから教える」「今のことを教える」のに対し、江戸の教育は「人間としての基本を教える」「身に付くのに時間がかかることから教える」ものでした。徳は一朝一夕には身に付きません。時間がかかるからこそ、早くから教える必要があるのです。

現代の教育は、「知識至上主義」です。試験でいかに高得点をあげられるかが重要視されます。江戸の教育で重視されたのは、「よりよい人生のための基礎づくり」です。この先の人生にはさまざまなことが起こります。そのときどうするのか。生きる知恵や、人生の指針になるようなことを教えました。

また、現代は「集団教育」です。授業は画一的で、カリキュラムをこなすことが最優先されます。生徒一人ひとりに合わせた教育など望むべくもありません。これに対して、江戸は「個別教育」でした。各々の理解の進捗度合いに合わせて学習が進められまし

た。各家庭の事情に合わせ、始業時間でさえも個別対応でした。一人ひとりの天性・天分に合わせて教育し、子どもの持つ天性・天分を開いてやる。これが江戸の教育でした。

現代と江戸時代の教育はどちらが優れているか

日本の教育が知識重視の集団教育になったのは、明治5年の学制発布以来です。明治政府は、「西洋列強に追いつくためには科学技術の発展が不可欠であり、技術者の養成に国家の命運がかかっている」と考えたから

田口佳史が考える「シン・日本的経営」とは

　二刀流の活躍で世界を驚かせた大谷翔平。彼が使用した「マンダラチャート」は、目標を達成するために必要な8つの要素を書き込むようになっている。これは伝統的な東洋思想にある「八方図」がその由来である。東洋の叡智を追究することで、人も組織も新たな境地を拓くことができる（図表）。

　江戸期には、この叡智に学んだ先人が数多くいた。石田梅

岩が説いた「倹約」とは、効率化やコストカットとはまったく次元が異なり、地球資源をあらゆる人と公平に分け合う「シェア経済」の発想だ。

　横井小楠は、西洋と東洋を対立関係で捉えず、大義をもって世界に範を示すのが日本の使命だと説いている。

　東洋思想の再発見こそ、日本再生の切り札なのである。

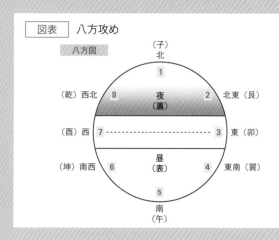

| 図表　八方攻め |

| 八方図 |

1 子（裏中）心中 ＝ 始め、交る、坎（三）、悩み、流れる
　　　　　　　　　何を思念し、何を悩み、何を考えているのか
2 艮（裏）生命 ＝ 健康状態と致命傷の有無
　　　　　　　　　長寿のための条件は何か
3 卯（裏表）成就 ＝ ゴールの図をどのように描いているのか
　　　　　　　　　究極何を目標にしているのか
4 巽（表）評判 ＝ 周囲はどのような評価をしているのか
　　　　　　　　　どのような評判を得たいとしているのか
5 午（表中）将来 ＝ 人材育成の分野別状況
　　　　　　　　　問題点は何か、その対処法
6 坤（表）欲望 ＝ どのような欲望をどのように保有するのか
　　　　　　　　　個人的欲望を明確にする
7 酉（表裏）富欲 ＝ 富の源泉は何で、今どのような状態か
　　　　　　　　　今後の見通しと、それに対する準備状況
8 乾（裏）現状 ＝ 順調で先行きも良しの点と逆風で先行き悪しの点
　　　　　　　　　これからの鍵となる点に対する用意

です。当時としては仕方のない選択だったのかもしれません。

しかし、内憂外患を抱えつつ近代国家を築き上げたのは、江戸時代の教育を受けた平均年齢30歳という下級武士たちでした。下手をすれば列強に植民地化されるという危機の中で、彼らは日本の独立を守り抜きました。

一方、明治の教育の結果がどうなったのかといえば、維新から77年を経た1945年の「無条件降伏」です。310万名もの同胞の命を犠牲にし、かつ国家の主権を他国に明け渡すような結果を導いた。どちらの教育が優れていたのか、火を見るよりも明らかです。にもかかわらず、その延長線上の教育を続けているのが現代日本なのです。

何もしなくても、子どもは大きくなっていきます。その自然の摂理をうまく活かして教育を施せば、心も育成することができる。江戸の教育はその摂理を最大限に活かしました。そうやって規範意識を持ち、自主性をもって自らの役割を果たし、自己の最善を他者に尽くし切るという人間を育てたのです。現代の社会的問題や国家的危機を鑑みれば、わが国にはどういう教育が必要なのか、一から考え直すべきときを迎えています。

そして、江戸の教育で重視したのが「素読」です。

幼少から漢籍・漢詩文の素読を重ねてきた者同士が、その一節を朗誦すれば、言葉の響き合いによってたちまちのうちに親しみを覚え、連帯感が生まれます。「こころの結びつき」ができるのが、素読教育の美点です。

江戸期には、北は松前藩から南は薩摩藩まで、藩校や寺子屋で素読が行われていました。出身藩は違えども、四書の一文を朗読しただけで即座に共感が生まれました。幕藩体制の中で、日本国としての連帯感がこのように養成されていたことを、私たちは知る必要があります。

江戸時代の家庭では どんな基礎教育をしたのか

最後に、家庭教育についても触れておきましょう。

6歳で寺子屋や藩校に通い始める前に、各家庭で教育したことがあります。それは、朱子が門人の劉子澄（りゅうしちょう）にまとめさせた『小学』に記される「灑掃（さいそう）」「応対」「進退」です。

灑掃とは、清掃のことです。「美しくする」「磨く」という行為は、それに対する愛着心を高めます。物を大切にする心、その場所を愛する心を育てるのが灑掃です。また、整理整頓することで、複雑・多様な問題に直面しても冷静に対処する能力が育ちます。

応対は、社会で求められる人とのやり取りのことです。江戸期には手習いで、時候のあいさつや商売上の手紙を書き写し、子どものころから大人の応対を自然に身に付けました。実際に社会に出るころには、ひと通りのあいさつや対応はできるようになっていたのです。

進退とは、その地位にとどまるか、辞めて退くか、というときの身の処し方です。これも幼年期から、たとえば遊びに夢中になっているときに親から呼

PROFILE

田口 佳史（たぐち・よしふみ）

1942（昭和17）年東京生まれ。東洋思想研究家。新進の記録映画監督としてバンコク郊外で撮影中、水牛2頭に襲われ瀕死の重傷を負う。生死の狭間で『老子』と運命的に出会い、「天命」を確信する。「東洋思想」を基盤とする経営思想体系「タオ・マネジメント」を構築・実践、1万人超の企業経営者や政治家らを育て上げてきた。配信中の「ニュースレター」は英語・中国語に翻訳され海外でも注目を集めている。主な著書『超訳 孫子の兵法』（三笠書房）、『「大学」に学ぶ人間学』（致知出版社）他多数。

ばれたら、いつ遊びを切り上げて家に帰るべきかということを通して、やめ時を身に付けていきました。現代の政治家や経営トップの出処進退があやふやで見苦しいのは、「進退」の知恵が身に付いていないからにほかなりません。

江戸期の教育には、現代の日本が失ってしまった重要な要素に満ちています。この叡智を埋もれたまま放置するのではなく、もう一度掘り起こして輝かせることこそ、日本が目の前の危機を脱するための最善の処方箋ではないでしょうか。●

「ジョブ型」は日本の風土になじまない

新しい選択肢として「自営型」を

日本の大企業でジョブ型人事の導入が進んでいる。
自律的な働き方に伴って、職務と求められる成果を明確にした上であれば運用は効果的だが、
果たしてそれが日本の組織風土や人々の考え方にマッチするのか。
それよりも、歴史的に昔からある職人や商店などの「自営型」のほうが、
日本人の自律的な働き方として受け入れられると太田肇氏は主張する。

Photo: Shinya Nishizaki　Text: Toshio Kato

太田 肇
同志社大学 政策学部 教授
同大学大学院総合政策科学研究科 教授

メンバーシップ型から
ジョブ型に切り替えできる？

日本の従来の働き方は、メンバーシップ型といわれるもので、企業や社会のメンバーとしての地位を得て、その中で働くという仕組みでした。年功制賃金や終身雇用はその中で生まれたものです。そのメンバーシップ型の弱点が近年のグローバル化とデジタル化によってあらわになっています。

グローバル経営は、日本特有のメンバーシップ型とは整合せず、人事面でさまざまな不都合を起こします。また、デジタル化が進むと、経験や熟練よりも新しい知識や専門的知識を持つ人が重視され、外部の労働市場との出入りが起こって年功序列型賃金の根底を揺さぶります。さらにコロナの蔓延によるテレワークの浸透がそれらに拍車をかけました。たとえば、メンバーシップ型を前提に集団的執務体制で仕事をしてきた管理者が、部下が目の前にいないとうまく管理できないといった問題が起こりました。

こうした背景があって、日本でもメンバーシップ型から、特定の職務で雇用契約するジョブ型雇用に変革すべきだという声が高まっています。ただし、私は欧米の職務給や職務主義を念頭に置いたジョブ型も日本の風土や労働環境に合わないと思っています。

そもそもジョブ型の定義には2つの大事な要素があります。1つは、仕事上の役割、責任、報酬などが一人ひとり明確に定められ、職務記述書に記載されることです。欧米は個人主義が行き渡り、ジョブ型になるとここまでが自分の仕事であるときっちりと線を引くことを当たり前と考えますが、日本ではその考え方はなじみません。

もう1つは、ジョブ（職務）という軸の上でキャリアが形成されることです。日本では解雇に対して解雇権濫用の法理という厳しい規制があり、このジョブは不要になったから辞めてくれとは言えません。さらに、年功制を当然と考える文化と合わない、職種間や個人間での格差が風土

に合わない、労働組合が賛成しないといった問題もあります。新人の育成を誰がやるのかも大きな課題です。

小さい企業ほど自営型が向いている

そこで、日本の風土や文化に合った新たな選択肢として、「自営型」を挙げたいと思います。自営型の定義は、組織に雇用されているかどうかにかかわらず、半ば自営業のようにある程度まとまった仕事を個人でこなすことです。

企業側のメリットとして、現在の労働力不足、人材不足の時代において少数精鋭で回せることが挙げられます。モチベーションが高くなって生産性が上がることもメリットです。最近、若者の早期退職が問題になっていますが、それを防ぐリテンション効果も期待できます。

一方、働く側にとっての最大のメリットは自由度が高くなることです。仕事のやり方や時間配分を自分で調整できることから、仕事と私生活の葛藤によるストレスも軽減できます。

自営型で働くのはいわゆるフリーランスや、期限付きで会社から専門性の高い仕事の業務委託を受けるインディペンデント・コントラクターのほか、組織の中では雇用労働者でもメンバーシップ型の範疇に収まらないかたちで働く人たちがそれに当たります。

自営型は日本の風土や風習にも合致しています。江戸時代は、商家や職人が一種の共同体のような組織をつくって仕事をしていました。仕事と生活が一体となっており、縦の序列の強さが年功序列など現在の日本的経営につながっていきました。一方で、今の日本的経営にはない、"のれん分け"などで一人前になれば外に出すというシステムがありました。ここは、大いに注目すべき点です。かつては日本にもスピンオフ、スピンアウトを当たり前とする米国型のような仕組みがあったということです。

のれん分けのいいところは、目標や夢が無限大になることです。今の日本企業では多くの人は課長か部長止まりであることを意識しています。そうなれば、全能力を傾けてまで仕事にコミットしようと思わなくなります。しかし、将来、飛び出して自分が理想とする会社を創業できる、あるいは専門家として独立できるとなれば、モチベーションは上がります。今でも、将来独立を考えている人は、普段から目の色が違うといわれます。将来の独立の機会は働く意欲の大きな要素になるのです。

日本も高度成長の時代までは、自営業のほうが雇用労働者より多く、職人や商店が混在している社会でした。企業もかつてはいろいろな意味で柔軟性がありました。一人の仕事の範囲は融通無碍（むげ）に変わるし、仕事ができる人は若くて地位が低くても大きな仕事を任されていました。こうした歴史も自営型が日本にマッチしやすいところです。

米国でもシリコンバレーは自営型ですし、職人の多い北欧やイタリアもそうです。最近、自律型人材の育成がよくいわれますが、自律型人材は自営型に近い働き方をします。

また、自営型は規模の小さな会社ほど適しています。規模の小さな企業では、人事と総務など複数の仕事を掛け持ちしたり、製造担当者が開発やマーケティングもやるという形態が普通です。仕事にはそれぞれに適したまとまりがありますから、業務や職務によって細かく切り分けられるジョブ型は小さな会社にはあまりなじまないのです。私はジョブ型とは小品種大量生産型の古いシステムであると思っています。

太田肇が考える「シン・日本的経営」とは

開かれた職人集団のようなものと考えている。これまでの日本的経営のように組織の内と外とで区分せず、場合によっては、外部の力を借りたり、外部から採用したりして、その中で日本的な強みを活かすべきだ。その強みはジョブ型のように機械的に切り分けられず個人の能力や意欲を引き出す、かつて日本の社会にあった仕組みともいえる。

プロ同士がチームを組む
インフラ型組織

　自営型の組織では、チームワークそのものは必要ですが、チームワークの概念が変わってきます。今までは、同じような能力・経験を持つ人たちが一緒に仕事をすることがチームワーク上大事でした。しかし、そうした組織は減り、異質な人たちがプロジェクトのために協力し合う、より高度なチームワークが必要になってきます。

　私はジョブ型をブロック塀、自営型を石垣にたとえています。石垣には大きい石もあれば小さい石もあって、能力に応じた処遇をすれば大きい石と小さい石は共存できます。一方、ブロック塀だと一定水準の能力がないと所定の場所に収まらず、穴だらけになってしまいます。自営型は一人ひとりの強みや個性を活かしながら、自主性を前提にしたチームワークを目指す。それを私はインフラ型組織と呼んでいます。個人が会社の場を借りて、1つのプロジェクトを成し遂げるイメージです。

　日本人のビジネスマンのやる気や幸福度、エンゲージメントは世界との比較では極めて低位にありますが、自営型になるとその改善が見込めます。法政大学の石山恒貴先生の研究によると、フリーランスのエンゲージメントは、欧米に遜色ないくらい高いそうです。幸福度も雇用されている人と比べ高いという結果が出ています。その理由は、個人の裁量権にあるでしょう。裏を返せば、日本の会社は裁量権が小さく働きにくい環境にあるということです。

　これからは、一人ひとりの意思・思考・能力と組織とのマッチングを図ることが必要です。今までは個人の意思は二の次で、会社主導で適材適所を決められていました。ここは見直さなければなりません。

　これまで日本の経営の強みは内部労働市場にあるといわれてきましたが、私は違和感を持っています。部署間の需要と供給はあってもそこに個人の意思が尊重されていません。個人の意思を踏まえたうえで競争原理が働くことが、内部労働市場の本来の姿です。会社や部署が必要とする仕事やポストの要件を明示して集まった応募者から適切な人を選ぶ、米国型のジョブポスティング制度

がそうですし、中国にもそれに近いことをやっている企業があります。日本もそうした仕組みを取り入れていくべきでしょう。

　「みんなで一緒に仕事をする」日本型雇用システムは、高度成長期の工業社会時代には強みを発揮していましたが、デジタル社会になった今は逆に、改革の足かせとなっています。「失われた30年」は企業の雇用システムにも原因があったといえます。

　日本企業は、まず偏差値重視の人材観を根本的に見直す必要があります。また、個人を囲い込むような組織ではなく、組織をインフラと捉え、そこで働く人に必要なものを提供して力を発揮してもらうことを考えるべきでしょう。

　それには自分の意思でキャリアを決める時代に戻ることが必要で、雇用保険、年金制度などのセーフティーネットも張り直す必要があります。現状は、さまざまな制度がメンバーシップ型を前提につくられており、独立してフリーランスになると大きな不利を受けてしまいます。雇用かフリーランスかという働き方によって大きな有利不利が出ないような社会制度づくりも重要なのです。

PROFILE

太田 肇（おおた・はじめ）

兵庫県出身。経済学博士。日本における組織論の第一人者として著作活動のほか、メディアでの発言、講演なども積極的にこなす。日本人特有の「承認欲求」「同調圧力」などの研究でも知られる。近著は、『「自営型」で働く時代：ジョブ型雇用はもう古い！』（プレジデント社）『何もしないほうが得な日本』（PHP新書）『日本人の承認欲求』（新潮新書）など。他に著書30冊以上。

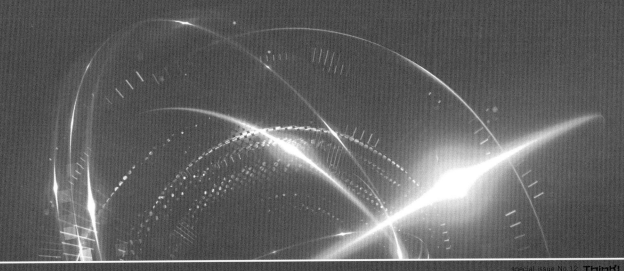

Chapter

4

日本企業における
組織風土変革の展開

いくら仕組みや制度を整備し、有能な経営者を配置しても、企業を支える組織メンバー
が動かなければ、事業は成長しないし、商品やサービスの品質も高まらない。

会社が1本の木だと考えてみよう。葉が茂り、花を咲かせ、実がなるには、それを支える
根っこと土壌が要る。花や実が会社の業績だとすれば、根っこや土壌は「組織風土」に
言い換えられる。

日本企業の現場力と組織風土は、経営の基盤であり、それが業績を左右する大きなファ
クターとなる。組織風土の在り方を、データドリブンの活用事例も交えながら探っていく。

日本企業の競争力の根源は「現場力」にある

——以前から、日本の産業界のさまざまな課題の元凶は「組織風土の劣化」にあると指摘されています。その考えに至った経緯をお聞かせください。

まず大前提として、私は企業の競争力の根源は現場にあり、「現場力」を高めることこそが経営にとってもっとも重要であると考えています。どんなにすばらしいビジョンや戦略を掲げ、どれほど画期的なビジネスモデルを構想したとしても、それを実行できなければ意味がありません。その実行役を担うのが現場で奮闘する社員たちです。

現場の社員一人ひとりがやりがいや使命感を感じて主体的に行動し、自分たちの能力を最大限に発揮していく。それこそが現場力であり、それがなかったら企業はよい結果を出せないはずです。最近は日本だけでなく、欧米においても「ケイパビリティ」という言葉で、現場力を重視するようになっています。企業の成長性を大きく左右する根っこの要素だと、欧米企業も気づき始めたのでしょう（**図表1**）。

日本企業が抱える課題の本質を見極めるうえでも、現場力という観点は重要です。

近年、日本を代表するような大企業において品質不正や不適切会計、システム障害などの不祥事が相次いでいます。また、法整備が進んでいるにもかかわらず、職場におけるハラスメントも一向になくなる気配がない。職場に起因する社員のメンタルヘルス不調や自殺の問題も深刻です。

これらの原因として、「経営層のリーダーシップが足りない」「戦略が間違っている」「ガバナンスが機能していない」などがよく挙げられます。しかし、コンサルタントとしてさまざまな企業の現場を見てきた経験から、どれも本質ではない気がしていました。

もっとも本質的な問題は、日本の組織が著しく劣化してしまって、現場力が発揮できなくなっていることにあると捉えるべきです。現場力を支えるはずの組織の土台が、根腐れを起こしている。ですから、組織品質を再生しない限り、現場力の回復も日本企業の復活もないと私は考えています。

今こそ経営者は組織マネジメントを学ぶべきだ

日本の「現場力」再生に不可欠な組織風土の変革

『現場力を鍛える』『見える化』など数多くのベストセラーがあり、「現場力」をテーマに、経営コンサルタントとして100社を超える企業の経営改革に携わってきた遠藤功氏は、「組織風土の変革」が日本企業再生のカギを握ると主張する。現場力の本質とは何か、そして、現場力を支える組織風土をいかに立て直していくべきなのか。

Photo: Yojiro Terasawa　Text: Motofumi Wakatsuki

遠藤 功

株式会社シナ・コーポレーション 代表取締役社長
ローランド・ベルガー日本法人 元会長

——現場力とは、具体的にはどのような要素から構成されるのでしょうか。

私は、現場力を「組織能力」と定義しています。つまりは、現場の社員一人ひとりの力を最大限に発揮させるための、組織としての総合的な能力です。そしてその組織能力を支えているのが「組織風土」と「組織文化」の2つです。

組織風土はすべて企業に共通する普遍的要素で、「年齢や立場に関係なく自由に意見が言い合える」「職場の風通しがよく、コミュニケーションが良好である」「チームワークがよく、互いに協力し合う」など、組織が持つ雰囲気や空気感を指します。

これに対し組織文化とは、個々の企業が自社の歴史の中で育んできた固有の価値観や行動規範を指します。トヨタ自動車の「カイゼン」文化はその代表例でしょう。健全な組織風土の上に、固有の組織文化が築かれることで、その企業は独自の競争力を発揮していくことができるのです（図表2）。

私はよく「組織能力は跳び箱のようなもの」と表現しています。組織能力

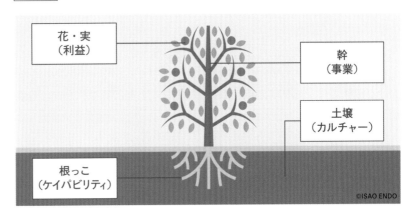

図表1　ケイパビリティとカルチャー

花・実（利益）

幹（事業）

土壌（カルチャー）

根っこ（ケイパビリティ）

©ISAO ENDO

は3段構造になっていて（**図表3**）、土台となるのが組織風土であり、その上に企業独自の組織文化がある。この2つが健全であることにより、組織能力としての現場力が発揮されます。

私は当初、日本企業の組織風土や組織文化はそれほど傷んでいないだろうと考えていましたが、現場の調査を重ねたところ、一番下で支えているはずの組織風土が相当に劣化していることに気づきました。これこそが、日本企業が凋落した根本原因だということです。

——それほどまでに日本企業の組織風土が劣化したのはなぜでしょうか？

日本の組織マネジメントがあまりにも稚拙で、組織風土が劣化していることを放置し続けたためです。「上意下達型の指示・命令が横行する」「下から上にものが言えない」「無関心や責任回避が蔓延している」……これらは組織風土が劣化している企業に共通して見られる症状です。ひとたび組織風土がこのような状態になると、現場社員たちは疲弊し、何か問題が発生しても誰にも相談できず自分一人で抱え込み、ときにはやむなく不正に手を染めてしまいます。

また、多くの日本企業の人事で、マネジメント能力の有無ではなく業務における実績だけで管理職を選んできたことも大きな問題です。欧米企業のマネジャーたちは、ビジネススクールで組織マネジメントを学び、専門家として組織を運営している。しかし日本では、いまだにマネジメントを学んだこと

のない素人が管理職となっています。

しかも、時代が大きく変化しているにもかかわらず、昭和時代のマネジメントスタイルが依然として残っています。昭和のマネジメントはタテの関係性が強く、上司の命令が絶対であり、部下の心理的安全性などは考慮されてこなかった。高度経済成長期というごく限られた時代には、集団主義的なマネジメントスタイルがたまたま機能しましたが、雇用の流動性が高まり、社員の価値観も多様化している今の

時代には通用するはずがありません。マネジメントの在り方が明らかに時代遅れになっていることを、日本企業はもっと自覚すべきでしょう。

■ 現場力の再生に欠かせない マネジメント層の意識改革

——日本の現場力を再生するためには、何が必要でしょうか。

「これさえやれば一気に現場力が再生する」といった魔法のような施策は

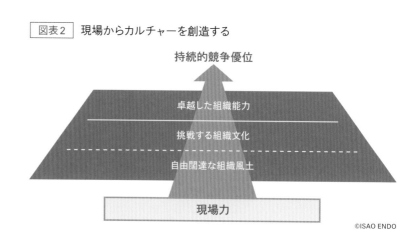

図表2　現場からカルチャーを創造する

持続的競争優位

卓越した組織能力
挑戦する組織文化
自由闊達な組織風土

現場力

©ISAO ENDO

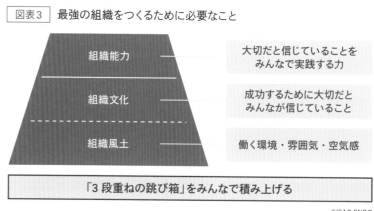

図表3　最強の組織をつくるために必要なこと

組織能力	大切だと信じていることをみんなで実践する力
組織文化	成功するために大切だとみんなが信じていること
組織風土	働く環境・雰囲気・空気感

「3段重ねの跳び箱」をみんなで積み上げる

©ISAO ENDO

ありません。遠回りに見えますが、組織風土の立て直しにつながるような施策を一つひとつ、地道に取り組んでいくしかありません。

まず、マネジメント層の意識改革を図ることが必須です。先ほどお話ししたように、日本の管理職はマネジメントをきちんと学んでいないケースが多く、いまだに上意下達的なマネジメントスタイルを続けている人が少なくない。マネジメント研修をしっかりと導入し、コーチングや心理的安全性に関する知識など、今の時代に対応したマネジメントスキルを徹底して身に付けてもらうことは欠かせません。

それでも価値観を変えられないような管理職は"退場"させる、という決断もときには必要でしょう。実は日本の経営者は、ストロングタイプの強面の管理職を登用しがちです。業績の面などでは会社に貢献してきた社員が多いからです。しかし思い切ってそこを変えない限り、旧態依然としたマネジメントがいつまでも残り、ハラスメントもなくならず、組織風土を劣化させてしまう。

かつて私がコンサルティングファームのローランド・ベルガーに勤めていたとき、創業者であるベルガー氏から「A-B-C」という考え方について学びました。「Attitude（態度・姿勢）」「Behavior（行動）」「Competency（能力）」という3つの言葉の頭文字をとったものです。ベルガー氏によればこのA,B,Cの順番が大切で、組織の上層部ほどA＝態度・姿勢が重要になると言うのです。なぜなら、能力や行

動はほかの社員で補うことができるけれど、態度・姿勢は本質的な人間性にかかわるので、その人自身に備わっていないといけない。だからこそ、欧米企業のリーダー選びではこの原則が守られていると。

これに対し日本企業の場合、能力がもっとも重要な判断基準とされ、態度・姿勢のような人間性にかかわる要素は軽視されがちです。しかし今後はこの「A-B-C」モデルのように、リーダー選びの基準自体を見直していくべきでしょう。

——現場社員の意識改革も重要です。

その通りです。まずは現場社員を主役にした研修やワークショップなどを通じて、「現場力を支えているのは自分たちである」という当事者意識を育んでいくことは欠かせません。

私が長年、現場力改革を支援しているソシオークグループの事例を紹介しましょう。学校・病院・福祉施設向けの給食事業や学童・児童館事業など、ソーシャルサービスを幅広く提供する企業です。2010年代に相次いで新事業に参入し、順調に業容を拡大しましたが、その一方で業務の標準化などが十分進まず、現場で働く社員の負担が重くなっていました。その結果、離職が増え、現場はますます疲弊し、残った人たちの責任感と使命感でなんとか回している状況でした。

そこで各現場のチーフを対象に、現場力についてのワークショップを実施し、小さなことでもいいので現場改善に主体的に取り組んでもらい、その成

果を社内で共有しました。これを地道に続けるうちに、次第に現場に前向きな変化が生まれていきました。

始まりは小さなことです。たとえば、ある女性のパート社員が「職場が殺風景だから」と自宅の庭の花を摘んでトイレに飾り始めました。社内で「飾ってくれたのは誰？」「あれ、いいよね」と評判になり、ほかの社員も花を飾るようになったのです。ささやかな取り組みですが、これを機に職場を主体的に変えることの意味をみんなが理解し、対話が進むようになりました。すると次第に「この仕事をもっと効率的にできないか？」「シフトの組み方に工夫の余地はないか？」など、職場の改善提案が出てくるようになりました。

現場の小さな気づきが、大きな改善の成果を生むことは少なくありません。実際、ある小学校の給食調理室では、食器洗浄などに使う水と洗剤の量が、担当者によってバラつきがあることに気づき、1つのシンクに対し最適な水量と洗剤量がわかる計量器具を製作しました。おかげで洗浄作業が効率化できただけでなく、水と洗剤の無駄を省くことができます。ほかの調理現場にも共有した結果、地元の公立学校や教育委員会から大変感謝され、現場の意識も大いに高まりました。

——小さな気づきを着実に成功体験につなげていくことが大切ですね。

はい。どんな小さな変化でも、自分たちの手で生み出したという経験が大きな意味を持ちます。小さな気づきを埋もれさせず、全社的な機運に結

びつけていくためには、社内で互いに認め合い、賞賛し合う姿勢が重要です。同社では改善成果をまとめたレポートが年間4000件も本社に届きます。経営陣はレポートすべてに目を通し、担当社員一人ひとりへの賞賛の声がけを徹底しており、さらに年2回、優秀事例を社内表彰しています。

こうした取り組みは健全な組織風土を醸成し、さらに独自の組織文化を築いていくことにもつながります。同社の場合、きめ細かい現場改善が独自の組織文化にまで高まり、それが競争力の源泉になっています。

その際、あらかじめ目的意識を共有しておくことが非常に重要です。社内の風通しが悪く、日常的なあいさつすらままならないような職場では、主体的な行動も建設的な意見も出てくるはずがありません。だからこそまずはそうした組織風土の改善から始める

必要があるのですが、一見遠回りな手法なので、「こんな活動に何の意味があるのか」「これで競争力や業績が高まるのか?」といった反発の声が必ず上がってくるものです。健全な組織風土づくりに取り組むことで、現場力が高まり、経営がよりよくなるという本来の目的が達成されることを、事前にしっかりと伝えておくべきでしょう。

ソシオークの組織風土改革が成功したもう一つの大きな要因として、優秀な人材にどんどん活躍のチャンスを与えていることが挙げられます。現在は本社の人材開発部長である女性社員は、以前は栄養士として現場で働いていた方でした。また、調理師として学校給食の現場改善を主導してきた女性社員は、エバンジェリスト(伝道師)に任命され、今は給食の各現場を巡って、社員の悩みの声を吸い上げたり、ワークショップ研修を行うな

ど、全社的な改善活動の推進役を務めています。自分の才能を発揮して活躍する社員が増えれば、組織風土はますますよくなりますし、ほかの社員にも新しい目標が生まれ、生き生きと働くようになります。これらが企業全体の組織風土や組織文化によい影響を及ぼしています。

——現場力を支えるもう一つの要素である「組織文化」を明確化し、磨いていくにはどうしたらよいでしょうか。

組織文化は、その企業の歴史の中で育まれるものなので、その歴史をひも解いていくことが手がかりになります。たとえばサントリーには、社員の挑戦心を尊重する「やってみなはれ」という企業文化があることが知られていますが、実はもう一つ、「みとくんなはれ」という言葉が社内に浸透しています。「挑戦した以上、必ずやり遂げてみせます」という強い決意や責任意識を意味する言葉で、今も多くの社員が共感し、商品開発などにおいてもその精神が脈々と受け継がれています。この「共感性」が重要です。

ただ、実際には、組織文化は暗黙知化されていて、言語化されていないことも多いものです。「これこそ、うちの会社らしさだよね」と思えるような自社の価値観や行動規範を探り、さらにそれを、社員みんなが共感できるような表現で言語化していくことが必要だと言えます。

せっかく長い歴史の中で培われてきたはずの独自の組織文化も、経営者やマネジメント層がそれに興味を示

遠藤功が考える「シン・日本的経営」とは

現場力を最大限に活かせるような、新しい日本型のマネジメントスタイルを目指すこと。これまで、「日本的経営」は否定的に語られることが多かった。グローバル競争において弱点になると考えられたからである。かつての日本的経営の特色といわれた「年功序列」「一括採用」「終身雇用」などは現代の経営環境には合致しないだろう。

しかし、単にグローバルトレンドに追従することは、日本の特色や個性を捨てることと等しい。あくまで日本の強みは、他の国がまねできない「深さ」を追求する姿勢であり、その強みを活かしつつ、時代の変化や新しい環境に適した日本的なマネジメントスタイルを模索していくことが大切だ。

その活動の第一歩となるのが、「組織風土の立て直し」と「組織文化の再定義」なのだ。日本企業は、ぜひ組織風土・組織文化の変革を通じて、新しい日本的経営を築き上げていってほしい。

さなければ、残念ながら失われてしまいます。言語化に加えて、組織文化をしっかりと伝承していくことも大切です。

よい取り組み事例として、三菱電機・姫路製作所の変革プロジェクトが挙げられます。かつては同社の中でも際立って特徴的な組織文化を持つ製作所でしたが、時代の流れに従ってその特色や独自性が失われつつありました。

そこで現在、自分たちの独自性を再認識し、次世代に伝えるためのプロジェクトが進行中です。若いメンバーが中心となり、工場の歴史を知るベテラン社員やOB社員にヒアリングを行い、「姫路製作所らしさ」の掘り起こしと再定義に取り組んでいるところです。5000人を超える大きな工場ですので、全所的な機運となるまでには時間がかかるでしょう。しかしながら、当初は10名ほどで始まった小さな輪が徐々に拡がり、組織文化の再生が進んでいます。

こうした地道な取り組みが、現場力の強化につながっていくのです（**図表4**）。

PROFILE

遠藤 功（えんどう・いさお）

早稲田大学商学部卒業。米国ボストンカレッジ経営学修士（MBA）。三菱電機、複数の外資系戦略コンサルティング会社を経て、2020年6月末にローランド・ベルガー日本法人会長を退任後、独立。株式会社シナ・コーポレーション代表取締役。2006年から2016年まで早稲田大学ビジネススクール教授。15万部を超えるロングセラー『現場力を鍛える』『見える化』のほか、近著『「カルチャー」を経営のど真ん中に据える』（いずれも東洋経済新報社）など、ベストセラー書籍多数。

■ 現場力を最大限に活かす 新しいマネジメントスタイル

——これからのグローバル競争下で日本企業が勝ち残っていくために、どのような経営を目指すべきでしょうか。

グローバル競争の中で日本の強みを発揮するためにも、現場力にフォーカスした経営を徹底すべきです。

現在のグローバルビジネスの大きな流れは、「コモディティー化」です。あらゆる商品・サービスが汎用品化し、価格以外の差別化が難しくなるため、資本力と経営規模を持つ企業しか生き残れない。おそらく米欧中の巨大企業の独壇場となるでしょう。日本企業はそこで勝負すべきではありません。

では、世界で通用する日本独自の強みとは何か？　一言で言えば、それは「深さ」です。たとえばモノづくりに関して、日本は他国が絶対にまねできないほどの緻密さで技術を磨き、品質を深く追求し続けてきました。小売業やサービス業における"おもてなし"も同様で、顧客に寄り添ってニーズを深く探り、顧客満足を徹底的に高めていく。

このような「深さ」こそが日本が世界に誇る強みであり、それを支えるのが現場力です。グローバル化の中で日本の競争優位性を発揮していくためにも、現場力の再生は不可欠だということです。🔴

図表4	LOFTなカルチャーを創造する

Light	身軽ですばやく主体的に挑戦するカルチャー
Open	開放的で、お互いに助け合い、協力し合うカルチャー
Flat	フラットで、仲間に感謝し、称賛し合うカルチャー
Torelant	耐性・復元力が高く、粘り強く実行するカルチャー

組織風土変革のサーベイとデータ活用のすすめ

現代の組織に働きがちな 遠心力を「求心力」に変えよ

組織風土の改革や改善に取り組むとき、組織風土診断やエンゲージメントサーベイを実施する企業は多い。

しかし、それらの企業は、必ずしも診断結果を改善に活かし切れていないという。

問題は、人材情報の可視化のためのデータベースの統合不足と、

さらには診断結果を現場に落とし込み、変革活動へとつなげていくシステムや仕組み、

そして「対話」の欠如にあると、中原淳氏は指摘する。

Photo: Shinya Nishizaki　Text: Hiroshi Sakata

中原 淳

立教大学 経営学部 教授

「守り」と「攻め」 組織風土変革の2つの方向性

組織風土変革を進めるに当たって、企業には大きく2つの方向性があります。1つが守りの組織風土変革。もう1つが攻めの組織風土変革です。

守りの組織風土変革とは、圧倒的な人手不足に対処するための組織風土変革です。新卒採用にしても、中途採用にしても、新たな人材を思ったように採用できない企業が増えています。しかも、苦労して採用した人材がすぐに辞めてしまう。とりわけ将来を担う20代、30代の若い世代が大企業の現実を知って絶望し、辞めています。

こうした深刻化する人手不足から脱却するためには、組織の魅力を高め、人と組織の両方が成長するための変革が不可欠です。変革しない企業、変革できない企業は、生き残れない。そのことが心底わかっている企業は、守りの組織風土変革を進めています。

他方、攻めの組織風土変革とは、新たな事業をつくるための変革です。もう少し正確にいうと、新しい事業をつぶさないための組織風土変革です。どの企業でも新しい事業の芽は生まれています。しかし、投資判断が遅れたり、既存事業から横やりが入ったりして、そうした新しい事業の芽が摘み取られてしまうことが多々あります。そこで、新しい事業の芽をつぶさず、大事に育てていくための組織風土変革が求められています。

どちらの変革を進めるにしても、変わりたくない抵抗勢力がいるため、簡単には進みません。ただ、あることがきっかけになり、一気に進むことがあります。

私は、新型コロナウイルスの感染拡大がきっかけとなり、日本企業の働き方が大きく変わり、組織風土変革が一気に進むのではないかと期待していました。リモートワークやオンライン会議が当たり前になり、その利便性を実感した人と組織はもう元に戻ることはできないだろうと考えたのです。

しかし、この期待は見事に裏切られました。現在、コロナ前と同様の通勤ラッシュに戻っているのはご存じのとおりでしょう。形状記憶合金のごとく、働き方や人々の意識はコロナ前に戻ってしまいました。変化は定着せず、変革へと進まないどころか、元に戻ってしまった。

変われない企業は、何があっても変わらないということを再認識するとともに、そうした企業は行き着くところまで行くことになり、終焉を迎えることになるのではないかと危惧しています。

見たいデータが 見たいときに見られるか?

組織を変えるために、新たに何らかの組織風土調査を行い、その調査結果を分析して組織を改革しようという試みは5年ぐらい前に始まり、すでに定着期に入りかけていると思います。

現在求められているのは、経営が意思決定したいときに、組織の状態がパッとわかるダッシュボード(データやその分析結果を一覧で表示して見える化するツール)をつくることです。A支店の離職者が、先月何人だったかを知りたいときに、簡単な操作ですぐに見ることができる。こうした人と組織に関するデータの見える化ができていません。

ヒト・モノ・カネのモノとカネについては、多くのデータが経営情報として蓄積され、分析され、活用されていますが、人と組織のデータはこれまで経営情報として扱われていませんでした。モノとカネの動きは常時把握できるけれども、ヒトの動きは把握できていない。これが多くの日本企業の現状です。

したがって、ヒトの動きを常時把握できるシステムをつくり、その情報を経営に役立てることが喫緊の経営課題となっています。

そのためには、バラバラに管理されている人と組織のデータを統合する必要があります。企業内に人と組織に関するデータがないという企業は少なく、タレントマネジメントシステムなどの人事システムを導入している企業もあれば、エンゲージメントサーベイなどのいくつかの組織調査を行った企業も多々あります。

問題なのは、それらのデータがバラバラに管理されているため、見たいデータがすぐに見られない点です。それぞれのデータベースをつなげようにも、担当部門が違ったり、システムをつくったベンダーが違うと、容易にはつながりません。

私たちも、研究のために企業からデータをもらうことがありますが、それがそのまま分析に使えたことは一度もありません。全角と半角が混在していたり、ある調査では「よい」が5なのに、別の調査では「よい」が1になっているなど、データを見ながらクリーニングしなくては分析ができないのです。こうした作業には大変時間がかかるため学生は何日も徹夜して対応しています。

企業においても、いくつかのデータベースを統合する際には同様のことが起きます。企業のデータ活用というと、「データサイエンティストがいないから分析ができない」などと言われることがありますが、データがつながっていない段階では、データサイエンティストがいても活躍の場がありません。

さらに言えば、多変量解析や機械学習などの複雑な分析を行っても、その分析結果を理解できる人がいません。理解できないから活用されない。

活用されないと現場は変わらない。分析結果を受け取る現場が理解できるのは、職場や年齢ごとに数値の推移を表現したグラフなど「％レベル」であり、せいぜいA軸とB軸の2軸でクロス分析した結果程度です。

しかし、それで十分。わかりやすいデータが見たいときに見られることが何よりも重要で、そうしたデータの提示を心がけるべきなのです。

■調査結果を基に現場で対話し変革活動へつなげる

複数の人と組織のデータを統合し、ダッシュボードで見たいデータを簡単に見ることができるシステムを構築している企業の一つが、フリマアプリを運営するメルカリです。メルカリはエンジニア集団のため、人の出入りが比較的多いという特徴があります。入社直後はハネムーン期でエンゲージメントスコアが高いのですが、通常次第に下

がっていきます。スコアを見ながら、やりがいのある仕事や新しいチャレンジができる環境をつくっていくなど、エンゲージメントスコアの推移を把握して、組織としての改善を促していきます。

また、メルカリは何十ヵ国もの人たちが働く従業員多国籍企業です。このため、人と組織の状態を常に見える化し、データを基に議論を行わないと誰も納得しません。経営が意思決定するためには、説得力のあるデータの裏づけが不可欠です。

そんなメルカリも、さまざまなデータがバラバラに管理されていたところからスタートしています。これはどの企業も同じで、それらをいかに効率的に統合して、経営に役立つ仕組みをつくるかが問われています。

総合商社の双日は、エンゲージメントサーベイを起点に、いくつか別のデータも活用して職場の環境改善や業務改善を行う年間サイクルを構築し、それが組織に根づき始めています（81ページコラム参照）。

多くの企業では、調査結果のデータを現場のリーダーにフィードバックする際、「よく見て現場の改善に活用してください」と言って終わりです。多忙を極める現場のリーダーが、大量のデータに目を通し、職場の課題を見つけ出すなど、やるはずがありません。しかし、6割以上の企業は、この「現場に丸投げ」で終わっています。

では、どうすればいいのか。人事が調査結果のデータと一緒に、分析のサンプルやマニュアル、スクリプト

PROFILE

中原 淳（なかはら・じゅん）

立教大学経営学部教授。立教大学大学院経営学研究科リーダーシップ開発コース主査、立教大学経営学部リーダーシップ研究所副所長などを兼任。博士（人間科学）。専門は人材開発論・組織開発論。東京大学教育学部卒業、大阪大学大学院人間科学研究科で修士号取得、メディア教育開発センター（現放送大学）助手、米国・マサチューセッツ工科大学客員研究員、東京大学講師・准教授等を経て、2018年より現職。著書に『企業内人材育成入門』『組織開発の探究』（以上ダイヤモンド社）『フィードバック入門』『サーベイ・フィードバック入門』（PHP研究所）ほか多数。

（台本）を送ればいいのです。これを
きちんと行っているのが双日で、だか
ら現場のリーダーが職場の人たちを巻
き込んで、数字を基に対話を重ね、
職場環境や業務の改善につなげるこ
とができています。

　調査結果のデータを受け取ったリー
ダーが、まずやるべきことは、的を絞
ること。何十項目、何十ページにも及
ぶデータをみんなに見せたところで、
どのデータに注目をして、何を話せば
いいのかわかりません。

　まずはリーダーが多くのデータの中
から自分たちのポジティブな点を3つ
見つけ、これから伸ばしたい点を1つ
か2つ見つける。こうしてデータを絞っ
て、何を話し合ってもらいたいのか、
具体的に示すのがリーダーの役割で
す。そして、それをサポートする資料
を用意するのが人事です。

　加えて対話時に大事になるのが、
どんな意見が出ても否定することな
く、いったんはリーダーが受け取るこ
と。結論を急がず、2回目の集まりの
ときに、それらの意見について「こん
なことをやりたいんだけど、どう思う?」
と聞き、また意見を言ってもらう。そ
れを何度か繰り返すことで、一人ひと
りがより自分ごととして考えて意見を述
べるようになり、最終的なアクション
プランへとつながっていきます。

　非常に手間と時間がかかりますが、
それぐらいやらないと本当の意味で変
われません。調査が煩雑ならば質問
数を減らし、選択肢を工夫すればい
い。手間と時間をかけるべきは、調
査結果を活かすための現場での対話

図表　データだけでは組織は変わらない

サーベイの結果
（客観的事実）　　　　現場の変革　　　サーベイが即
　　　　　　　　　　　　　　　　　　現場を変える
　　　　　　　　　　　　　　　　　　ことはない

サーベイの結果
（客観的事実）　対話によるデータの意味付け　現場の変革

サーベイは現場のメンバーに意味付けられて
はじめて変革につながる

出所：中原淳『サーベイ・フィードバック入門』（PHP研究所）

なのです（**図表**）。

製品やサービス同様に人事もPDCAを回せ

　調査結果のデータを基に職場で対
話を重ねることができれば、改善のア
クションプランが出てきます。こうした
アクションプランを、真面目な企業ほ
ど全部やろうとします。そして、どれ
ひとつ満足にできず、「できなかった」
という敗北感にさいなまれ、無気力
になり、職場のムードが悪化します。
職場の環境をよくするために行ったこ

とが、逆に悪化を招いてしまう。まさ
に悲劇です。

　こうした最悪の事態を避けるために
は、たとえば、10個のアクションプラン
があったとしても、その中から短期間
で達成できる可能性が高いものを1つ
選び、まずはその達成を目指します。
1つ目が達成できたら、2つ目。2つ
目が達成できたら3つ目に挑戦する。
最初から高い目標を掲げるのではな
く、達成感を味わいながら、少しずつ
高いハードルに挑戦していく。このほう
が、確実に変わっていけます。

　次に、組織調査から結果の分析、

改善への対話、アクションプランの作成と実行、改善結果の評価までを経営の年間スケジュールに組み込んでしまえば、定例化され、やることが当たり前になります。1年に1度定期健康診断や人間ドックを受けるように、組織の健康診断として組織調査を行い、その結果を見て改善点を話し合い、実際に改善していけば、組織の健康が保たれるだけでなく、より元気になっていけるのではないでしょうか。

製品やサービス、マーケティングなどでは、データを基にPDCAを回して改善することが、どの企業でも当たり前に行われています。それと同じことが人事でも行われるようになれば、誰も「組織開発」と言わなくなるでしょう。

これまで人事でデータを基にPDCAが回っていなかったのは、その必要性が低かったからです。過去の日本的経営は、人口が増加し、経済成長余地も大きかった高度経済成長期に適した手法でした。人と組織のメンテナンスなど考える必要もなかった。多くの人は「昔はよかった」と言いますが、私に言わせれば「昔はラッキーだった」のです。あるいは、バブル崩壊後、不況期ならばアルバイトやパートが多い職場であっても、人が辞めても募集すればすぐに補充することができました。また、かつての日本の企業人の価値観として、正社員の場合自分から辞めることは少なかった。だから人材採用のために職場の環境や業務を改善しようという発想が不足していました。

しかし、状況は大きく変わっていま

中原淳が考える「シン・日本的経営」とは

「いかにして求心力を保つのか」
これが現在の日本企業に問われていることだ。

組織について言えば、これまでの「餅」のような組織から「おにぎり」のような組織に変わる必要がある。餅は、米粒がつぶされてまとめられた1つの個体。一度餅になったら米粒に戻すことはできない。これが日本企業の雇用管理のやり方だった。個をつぶし、「十把一絡げ」にまとめて管理する。

これからの組織は、おにぎりでなくてはならない。米粒1粒1粒はそのまま。だけれども、「1つのおにぎりとして、くっついていてくれ」という組織。ポイントは「いてくれ」で、油断すると、バラバラに崩れてしまう。だからときどき握りなおす必要がある。

現在の組織には、常に遠心力が働いている。だからこそ、組織には求心力が必要で、それが組織開発であり、サーベイ・フィードバックであり、別の言葉で言えば、パーパス経営にもつながる。若い人、優秀な人は引く手あまたで、組織にいてもらうことが大変な時代。だからこれからは「人事の時代」「人と組織の時代」でもある。人と組織の環境が常に改善されている企業に人は集まってくる。組織風土変革は、経営の現在の課題であり、永遠の課題でもあるのだ。

す。環境が悪い職場に人は集まりません。特に若い人たち、優秀な人たちほど、職場をよく吟味して選んでいます。人と組織のデータを基にPDCAを回し、経営に活用できない企業には、最も大切な資本である「人」が集まらず、質量ともに不足することになります。

裏を返せば、人事には、これからできることがたくさんあるということです。製品やサービス、マーケティングで当たり前にやられているデータドリブンが人事でまだやれていないのですから、人事にはまだまだ伸びしろがある、希望があるといえるのではない

でしょうか。

また、これまでは、組織調査にしても、その結果の集計にしても、その後の情報共有にしても、紙で行われていました。現在は、調査も、集計も、分析も、共有も、ITツールですべてできます。テクノロジーの進歩によって、人と組織のPDCAはかつての何倍も回しやすくなっていることも後押しになるでしょう。

今後は人口が減少し、大きな経済成長は見込めません。日本的経営を含めて、あらゆるものが曲がり角を迎えており、変わること、変わり続けることが時代の要請なのです。❶

企業風土の改善にサーベイを活用

データに基づき課題を抽出、現場社員の意識と行動が変わる

組織風土診断サーベイを活用している企業は多いが、そのデータに基づいて、
事業戦略の推進やKPI（重要業績評価指標）まで結びつけ、社員の行動変革を促すように
使いこなしている企業は数少ない。その中で、総合商社の双日では2017年から
エンゲージメントサーベイ（社員意識調査）を実施し、質問項目の一部を人事KPIに紐付けた
独自の切り口で展開。データを基に、社員の自律化や意識改革を効果的に推進している。

Text：Hiroshi Sakata

大事なのはサーベイ後のデータ活用

人的資本経営やデータドリブンな人事戦略に力を入れる双日は、2017年からエンゲージメントサーベイ（以下、ES）に取り組んでいる。

「人が資産の総合商社の主役は社員です。社員の声を反映した戦略・施策向けのツールとして、ESを導入しました」（人事部デジタルHR推進室室長の善家正寛氏）

サーベイは行って終わりでは意味がない。サーベイ結果を全社員にフィードバックし、出てきた課題をメンバーと共有し改善に向け話し合う。これをマネジメントや組織運営の修正につなげているのが同社のESの大きな特徴だ。「目的はあくまで社員の力の発揮に向けた組織改善」と善家氏は強調する。

双日では企業風土改革プロジェクトの一環として当初は外部ベンダーのESを使い、2回実施した段階で結果を検証。継続するかどうかの議論が行われた。

「より経営戦略や事業戦略を達成するために活用し、サーベイの質を上げるためには、当社独自のキーワードを盛り込む必要があります。そこで、外部のサーベイをやめ、独自のサーベイを開発し、切り替えました」（善家氏）

切り替えに当たって工夫したのが回答の選択肢である。一般的なサーベイでは、強い肯定、弱い肯定、中立、弱い否定、強い否定の5択であることが多い。そう

すると中立の「どちらでもない」という選択肢を選ぶ人が多くなる。そこで、中立をなくし6択にすることで、肯定なのか否定なのかを明確に答えてもらうようにした。

「企業風土改善のためのデータを活用するのは現場です。なので、分析のしやすさが重要になります。設問の文言や回答の選択肢を工夫することで分析を行いやすく

図表　双日の独自エンゲージメントサーベイ

☑ サーベイは5つの重点テーマと2つの継続テーマに分けて設定
☑ 回答選択肢は6択、中立回答をなくすことで分析精度向上を図った

肯定回答（3択）：「とてもそう思う」、「そう思う」、「どちらかといえばそう思う」

否定回答（3択）：「全くそう思わない」、「そう思わない」、「どちらかといえばそう思わない」

テーマ	サーベイ設問例
1) 組織を超えた取り組み	● 組織を超えた共創を通じて、各人が発想し、それを実現することに取り組めているか？
2) 発想とその実現	
3) 事業創出力・価値創造	● 事業創出を通じて、社会が得る価値・双日の提供価値は高まっているのか？
4) 成長実感	● 挑戦機会によって、社員はどの程度成長実感を感じ、活躍意欲向上につながっているのか？
5) 活躍・貢献意欲	
働き方・働く環境	● 上司や先輩からのフィードバックで意欲が高まっているか？ ● キャリアパスを描くことができているか？
キャリア・働く意識	● 生産性を意識し、柔軟な働き方を実現できているか？

しました。さらに現場の分析の質を上げるために、人事がデータ分析マニュアルや、課題を抽出して特定するためのフォーマットを作成し、データを現場にフィードバックする際に一緒に渡しています」(善家氏)

課長の対話能力の重要性が判明

独自サーベイの重点テーマは、**図表**の通り5つに分かれ、「発想とその実現」「事業創出力」など、どれも双日が企業風土として大切にしていることだ。設問数は全部で66あり、回答には15分前後かかる。経営戦略や人事戦略として、肯定的な回答の数値を上げていきたいものにはKPIを設定している。なお、「新たな発想の実現に取り組みたい」という設問項目に対する肯定的な回答は96%と高く、「挑戦」や「風通し」のスコアも2021年回答より2022年回答が伸びており、ESは企業風土の状態のチェックや意識付けに役立っている。

1年間を通して行われる組織改善プロジェクトは、現場の組織ごとに行われ、最後に優良事例を表彰し、全社に紹介するまでがワンサイクル。これまで4回のESを行い、6年間、組織改善プロジェクトを続けてきたことで、次のフェーズが見えてきたと、人事部人事企画課課長の赤坂誠一氏は言う。

「当初はESだけで組織改善プロジェクトを行っていましたが、データ分析や課題抽出などに慣れてきたこともあり、ほかのデータも活用するようになってきています。たとえば、課長や部長の360度評価のデータとESのデータのクロス分析を行う。すると、課長の対話能力と、その組織のエンゲージメントには93%の相関関係があることがわかりました。部長は25%しかなく、いかに課長の役割が大きいかが科学的に示されています」

ミドルマネジメントの重要性はよくいわれることだが、課長の対話力とエンゲージメントに93%もの相関関係があるという分析結果は、現場の課長に与えるインパクトが大きく、行動変革のきっかけにもなっている。

その一方、新たな課題も見つかっている。

「今後の課題は継続性です。プロジェクトの担当者が熱心

で、周りの人たちを巻き込んで行った組織は改善が進みますが、組織や担当者によって生じる温度差を、いかに小さくしていくか。また、1年以内の短期間でできる組織改善はかなり進みましたが、1年以上かかるものはまだできていません。長期的な組織改善の施策も必要です」(赤坂氏)

データ起点の対話が組織を変える

ESなどのデータは、現場の組織改善だけに活用されているわけではない。経営の意思決定を助けるためのデータ分析も行われており、経営陣の関心度合いも高まってきている。

また、誰もがデータを使えるようにし、データを基に対話をするようになった結果、社員一人ひとりの意識にも変化が生まれている。

「データの民主化や組織の自律化が進んだことで、組織のことを自分ごととして考えられる社員が増えている印象があります。経営が示した進むべき方向性や大枠を踏まえたうえで、組織や個人が自主的、自律的に考えて行動できる。これは大きな変化です。自律的な組織改善や組織運営がようやくビルトインされつつあるのではないか。そんな期待が膨らんでいます」(赤坂氏)

現場の声を聞き取るESを活用し、組織風土と社員の意識改革が日々進む。その取り組みはデータドリブンによる人事革新のモデルケースと言えそうだ。🖉

善家 正寛
双日株式会社
人事部 デジタルHR推進室 室長

赤坂 誠一
双日株式会社
人事部 人事企画課 課長

「熱く、高く、そして優しく」組織風土を変革

危機をバネに、チーム力とものつくり力を再生させる

2023年に創業100周年を迎えた富士電機。2022年度に初の売上高1兆円超えを達成した伝統企業にも、

かつて大きな危機があった。2008年、世界経済を大きく揺るがしたリーマンショック後の時期である。

経営の立て直しを推進したのは、その年に副社長に抜擢され、のちに社長となる北澤通宏氏だった。

傍流出身ゆえに、しがらみなく組織と現場の問題に切り込み改革を断行。原点に返り自社の強みは何か、

経営の羅針盤を明確にし、社員の心を一つにまとめ企業風土も大きく改善させた。

トップ自らが旗を振り、チーム力を最も重視した組織風土変革のプロセスを追う。

Photo : Hideki Ookura　Text : Toshio Kato

北澤 通宏

富士電機株式会社 代表取締役会長CEO

リーマンショックの危機後に傍流出身の社長として登板

2008年6月、私は富士電機ホールディングスの副社長に抜擢されました。それまでは電子デバイスの事業会社で専務取締役をしており、最初は事業会社の副社長と勘違いしたほど、青天の霹靂の人事でした。

富士電機の事業は、半導体等の部品から、インバータなど単品で商売ができるコンポーネント、そのコンポーネントを組み合わせたシステム事業、発電プラントを請け負う事業、飲料の自動販売機と幅広く、持株会社の下に分野ごとに事業会社を置き、それぞれが「業界最強の専業」を目指していました。当時は重電分野が本流であり、私がいた電子デバイス事業は傍流と見られていたのです。

ただ、私だけが事業会社幹部の中で、当時の社長に対して正々堂々と意見していました。最初は社長から、気に入らないやつだと思われていたようですが、怖いもの知らずな態度を面白く感じての抜擢だったのでしょう。

ところが、副社長就任直後の2008年秋、リーマンショックが発生。当社に大きな打撃を与えました。9000億円以上あったグループ売上高は1500億円も減少、純損益で700億円を超える赤字を計上する事態に陥り、存続の危機に直面しました。

私は各事業会社の経営状態の把握のため、副社長就任以降、グループ全体の各地の工場や営業拠点を訪問して回ることに時間をかけました。しかしそこで見たのは、経営の「遠心力」が過剰に働き、グループ経営の強みが損なわれた姿でした。各事業会社は自分たちの利益だけを考えてバラバラに動き、部品を調達する際も、グループ内で製造しているのに外部から安いものを買ってくることが当たり前。同じお客さまと商売するに当たっても連携がまったく取れていない有様でした。その結果、富士電機の強みであったはずのものづくりが、いつのまにか弱体化していたのです。

各事業会社がバラバラになり会社の方向感が定まらなくなっていた中、2010年4月に社長に就任。これも想定外でしたが、会社存亡の危機だからこそ、富士電機を変えられる。悪しき慣習を変え、ものつくりの力をよみがえらせるしかないと、覚悟を決めて改革に挑みました。

チーム力を強化し「一つの富士電機」へ

リーマンショックにより、業績は危機的な状況でしたから、大胆な経営改革に対する合意形成をしやすい環境でもありました。まずは、事業を立て直さなければなりません。就任直後、新体制での「2010年度経営方針」を発表しました。メーカーとしての原点に立ち戻り、長い歴史の中で磨き上げてきたパワーエレクトロニクス技術を強みとして「エネルギー・環境」のグローバル企業への転換を目指すものです。

私が掲げた経営方針は「世界の富士電機を目指す」「エネルギーと環境事業に注力する」「チームの力を発揮する」の3点でした。

「世界の富士電機を目指す」は、グローバルに考えて行動し、成長することで日本の富士電機からの脱皮を狙いとしています。当時はビジネス英語を使える社員も少ないなど海外への意識が希薄で、グローバル展開は他社に大きく後れを取っていました。私は電子デバイス担当時代に長らく米国にもいましたから、事業を伸ばすには海外に出るしかないと考えたのです。

「エネルギーと環境事業に注力する」は、当社が持つ技術や製品を分析してみると、半導体を含めてほとんどがエネルギー関係で占められている

PROFILE

北澤 通宏（きたざわ・みちひろ）

1952年長野県生まれ。山梨大学工学部卒業、1974年富士電機製造株式会社（現富士電機株式会社）入社。2001年富士電機画像デバイス株式会社代表取締役社長、2006年富士電機デバイステクノロジー株式会社専務取締役を経て、2008年富士電機ホールディングス株式会社代表取締役副社長、2010年に同社代表取締役社長。2011年に富士電機株式会社に改組し、代表取締役社長として経営改革を推進してきた。2022年同社代表取締役会長CEOに就任。

とわかったからです。しかも、それぞれ再生可能エネルギーなど環境に優しい分野に組み込まれる製品を作っていたのですが、そのことに気づいていない社員も多く、社内を啓蒙する意味もありました。

「チームの力を発揮する」と強調したのは理由があります。一人ひとりの力には限界があり、人は長所もあれば短所もある。それぞれの長所を持ち寄ってチームをつくり大きな力をつくるべきです。人手が足りず困っている工場があればほかの工場から応援の人員を出すなど、みんなで協力し合う社風に変える必要がありました。世界の富士電機を目指すには、チームの力が絶対に必要だと考えたからです。

また、富士電機という一つのチームにするうえでは、持株会社制度という行き過ぎた遠心力を変えなければならないと考えました。当時は、各事業会社やその工場でさまざまな問題が生じていたのにもかかわらず、役員や社員が気づいておらず、非効率的なことがあってもこの仕事はこういうものだという思い込みが生じていました。そこで、社長就任と同時に「一つの富士電機」へ戻すための準備に着手し、就任1年後の2011年4月、持株会社と主要事業会社を統合、社名を「富士電機」に戻し、新「富士電機」としてスタートしたのです。

経営改革の一番の難所はこのときでした。各事業会社の社長は、一国一城の主として大きな権限が与えられていましたが、その権限を縮小するとともに、グループ企業内にいた執行役員

53名を18名へと絞り、意思決定の迅速化と執行責任の明確化を図ったのです。改革の断行には少なからず抵抗もありました。ですが、私は本流から外れた部門を歩んできたことから、人のしがらみがなく、思い切った人事ができる立場にあったことが幸いしました。

次の課題は「ものつくりの強化」です。かつての富士電機は技術とともに、自動化ラインや生産システムなどのものつくりの力を評価される会社でした。円高も相まって、日本で設備投資をするよりも賃金の安い中国で作るほうがよい、という考えが世の中の主流となり、国内の製造業の空洞化が起きていましたが、製造業にとって、利益の源泉はものつくりにあります。新しい技術と環境づくりには投資を厭わず、ものつくりに心血を注ぎ込む、富士電機本来の姿を取り戻したい。熱い思いでものつくりの復活に力を注ぎ始めました。

社員を一つにした「Dream 1」と「Pro-7」活動

さらに、経営改革に当たって経営理念の体系を再定義しました。グループスローガンや経営方針などを刷新し、これまで行動指針としていた「熱く、高く、そして優しく」をグループスローガンに引き上げました（**図表1**）。

「熱く」は、新しい技術、新しい製品を開発し、世の中のために尽くしていく熱い気持ち。「高く」は、目標を高く持って共有すること。「優しく」には3つの要素があり、1つ目はお客さ

図表1　経営理念とスローガン、経営方針（2010年10月制定）

まに対する感謝の気持ち。2つ目はともに働く仲間への優しさと感謝の気持ち。3つ目が家族に対する感謝の気持ちです。このスローガンは、富士電機のDNAを表すものであり、社員にはあらゆる機会を通じてその大切さを語ってきました。

そのうえで2012年、一つの富士電機となった初めての新年あいさつで、社員に「売上高1兆円・営業利益700億円」の達成を掲げました。社長に就任して2年間取り組み、エネルギー・環境事業を理路整然と進めることで不可能ではないと思ったからです。これは、私自身への覚悟でもあり、10年の仕事になるとの決意でもありました。会社は、4〜5年では変

創業100周年記念のコンサートで謝辞を述べる北澤氏（2023年11月、サントリーホール）

わるものではありません。当時の売上は約7200億円でしたから、相当に高い目標です。その実現に向け、一人ひとりが目標と役割を明確にして取り組む全員参加活動「Dream 1」をスタートさせました。「Dream」には、チームや個人の「夢と目標」を、「1」には「1兆円」をはじめ、No.1、オンリーワンなどさまざまな意味合いを持たせました。「Dream 1」は社員がチームとなって目標を共有して取り組む、新たな富士電機の旗印となりました。

さらに、その年の暮れに「Dream 1」から営業利益の目標を切り離し、営業利益率7％を目指す「Pro-7」活動を推進することにしました。

「Pro-7」という名称は、「営業利益率7％」だけでなく、Prompt（迅速な行動）、Professional（プロ意識）など7つの英単語の意味を含んでいます。最後に、Prosperity（繁栄）を置き、「Pro-7」活動を通して富士電機が繁栄することで、社員とその家族が幸せになるようにとの思いを込めたものです（図表2）。

「Pro-7」活動は、総経費の圧縮と調達コストの削減に加え、それらによ

る差益アップの達成がカギを握ります。利益確保のための取り組みとして、社長直轄の5つのプロジェクトを設置しました。工場現場だけではなく、間接部門も含めた活動全体で成果が共有できるようにしていることが特徴です。

こうした経営方針を浸透させるには、事あるごとに繰り返し、愚直に語り続けるしかありません。私自身が社員の力を信じ、また、社員のみんなが、この会社はきっとよみがえると信じなければ、改革は成し遂げられない。そのために全工場、全支社を毎年訪問し、社員に直接、経営方針や会社の思いを話す活動を長年続けてきました。工場などで講話を行っても、当初は「社長が何か言っているぞ」という程度の反応でしたが、何度も語り続けるうちに、2～3年も経つと社員もこちらをまっすぐに見る真剣な目つきになり、態度が明らかに変わったと感じられるようになりました。時間はかかったものの、一度浸透すれば各組織が自走するようになりました。

部下の長所を伸ばし協力し合う風土を築く

当社の経営改革の最も大きな原動力、それは「チーム力」です。まず、役員全員で事業の方向性を定めるために、年に1度合宿を行ってよく話し、真剣な議論のあとはよく酒を飲み、よくカラオケをしました。腹を割って対話し、富士電機がこれからどこに向かうのかという大きな指針を決めることが、その後の経営改革の推進力と

なっていきました。

ただし、役員とは仲がよくてもなれ合いの関係ではありません。合宿も日ごろの役員会議も事前の根回しは一切受け付けません。事業計画の説明は部下ではなく必ず本人一人に行わせました。けじめをつけ、優しさと厳しさのメリハリを意識しながら結束力を高めていったのです。

このようなマネジメントで、まず役員の姿勢が変わり、彼らの部下への接し方が変わることで、徐々に全体の風土が変わっていきました。

それに加えて、幹部社員に繰り返し言ってきたことは、先にも述べましたが、「自分の部下の長所は何か、その長所はどうすればもっと伸ばせるかという目で見ること」です。長所を結集したチームをつくることができれば、会社は必ず強くなれます。

表彰制度を変えたこともチーム力向上の起爆剤の一つになりました。それ

図表2　組織風土変革につながった「Pro-7」活動

Profit
利益

Prosperity
自社の繁栄
社員の幸せ
株主への還元

Professional
プロ意識

2012年12月スタート
Pro-7

Prompt
迅速な行動

Process
過程重視

Production
生産
効率向上

Procurement
調達
コスト低減

までは成果を残した個人に与えていた社長賞と賞金を、チームに与えることにしたのです。東南アジアの製造拠点であるタイの現地法人が受賞したときのことですが、現地社員の発案で、同社は賞金で全員おそろいの日傘を作りました。その日傘を差して通勤するのがステータスであり、愛社精神の象徴になっています。チーム力の向上という目的が、以心伝心でグローバルに伝わった証でしょう。

部門間で協力し合う風土を築くため、賃金制度の改革も行いました。持株会社時代は、事業会社ごとに賞与水準を決定しており、また、部門業績評価を導入している事業会社もありました。そのため、リーマンショックの際には事業会社によってそのダメージまでの時間差が発生した結果、最も苦しんで仕事をしている事業会社の社員ほど収入が下がる現象が起きていました。これでは一つの富士電機を指向するのに、全体最適の妨げになってしまいます。

そこで2012年度からは、部門業績評価制度を廃止するとともに、次世代経営者育成およびライン職強化に向けて幹部社員の処遇制度を改定しました。新制度では、高い目標(役割)へのコミットと「重責への挑戦」を狙い、処遇・報酬の基軸を「職能」ではなく「役割」とする給与体系に変更し、給与や賞与に部門の業績は反映させず、期待する「役割」と個人評価で決めるようにしたのです。

そのうえで、業績目標は必ず達成するべきと徹底しました。以前は達成

北澤通宏が考える「シン・日本的経営」とは

どんなに優秀な人間でも一人でできることは限られる。社員が結束を高め互いに助け合うチーム力を活かすことが必要だ。そこで大切なのは、社員がひたすら会社のために尽くすのではなく、まず社員ファーストの経営を志し、自身と家族の幸せを第一に考えること。そのうえで、会社の成長・発展につながるサイクルをつくり上げることが、大事なのではないか。

私自身は「敵は己のうちにあり」をモットーとしている。人間は苦しい場面に置かれると「この程度でいいだろう」とつい妥協が生まれてしまう。トップは覚悟を決め、有言実行を旨として嘘をつかず、常に本音で社員に接すること。それが現場の士気を高めることにもつながる。日本的経営は優しさと厳しさのバランスが取れたときに強さを発揮するのだ。

へのこだわりが弱く、景気変動など外的要因を理由にした言い訳も多かったのです。2015年度を最終年度とする3ヵ年計画では、最後にあともうひと頑張りで中期計画目標を達成できるという局面がありました。全社員が期末最終日まで粘り強く頑張ることで最終的に営業利益目標に対し600万円上乗せできました。目標を掲げたからには最後まで諦めないという思いを社員と共有し、峠越えを達成した瞬間を今でも覚えています。

一方で、社員ファーストを掲げ、成果を出せば必ず社員に還元することも実行してきました。もちろんお客さまは大切ですが、利益の配分という点で見れば別の話です。社員か株主かでいえば、社員ファーストで社員にしかるべきものを分け、そのうえで株主に配当するという考え方を採っており、株主総会でもそのことを公言しています。

こうした改革の結果、富士電機は本当にいい会社に生まれ変わりまし

た。2022年度には創業来初めて売上高1兆円を達成しています。まさに社員の皆さんの頑張りのたまもの。感謝、感謝しかありません。

構造改革においては、さまざまな厳しい目標を示したことで社員は大いに苦労したことでしょう。一方で、業績が厳しい中でも工場に新しい建物やきれいな食堂を作るなど、成果を目に見える形で社員に還元してきました。現場改善でも社員の意見を反映しており、こうした積み重ねを通じて、現場の社員が本音でものを言ってくれるようになりました。

私をこうした改革に駆り立てたのは、会社の原点であるものつくりを復活させないと富士電機の発展はないという使命感と、企業にとって社員こそが財産で、社員と家族の幸せを大事にしたいとの思いです。今振り返ると、社員に嘘をつかず、有言実行で真剣に向き合ってきたことによって、組織風土を変革できたのだと考えています。❗

離職率28%の危機的状態から風土改革に着手

　今でこそ国内外の各地に事業所を構える当社も、もとは愛媛県松山市のマンションの一室からたった3人で船出したベンチャー企業です。四半世紀にわたって会社が存続してこられた理由の一つは、試行錯誤しながら風土改革を行ってきたことだと思います。

　当社は、2000年マザーズ上場後、02年東証二部上場、06年に東証一部へ市場変更しました（いずれも当時）。05年に私が社長に就任したときには社員数も120人程度まで増えて、事業も拡大していた時期でした。

　このぐらいの規模だと社員全員の顔と名前を何とか把握できましたし、

創業時のベンチャー気分が抜けきらないまま、あうんの呼吸で仕事をしていた面もあったでしょう。私はサイボウズを立ち上げる前、新卒で松下電工（現パナソニック）に入社し3年働いていましたが、部下を持ったことがなく、恥ずかしながらマネジメントが何たるか、考えたことすらなかったのです。

　実は、共同創業者だった先輩から社長を引き継いだ当時、離職率が28%という危機的な状態でした。毎週のように送別会が開催され、「一緒に頑張ろう」と言っていたメンバーが次々と辞めていくのは本当につらくて、次はだれが辞めるのかと疑心暗鬼。だから、辞めそうな人がいると、「給与をアップするよ」などと根回ししたりして（笑）。そうすれば辞めずに残っ

てくれるだろうという甘い考えでした。

　でも、その作戦は連戦連敗。ようやく「退職の理由は給与面ではないのかも」と気づき、思い切って退職者に聞いてみたら、「労働時間が長い」「家庭の事情でもっと柔軟な働き方をしたい」など、それぞれ異なる理由がある。なんだ、そうか。「早く言ってよ！」と思いました。これが風土改革に着手する第一歩になりました。

　この時期には私自身の経営に対する考えも大きく変化しました。実は、社長を引き継いで2年ぐらいは本当に迷走続きで「上場企業たるもの、規模を拡大しなければ」と思い込み、M&Aで大きくなっていくITベンチャーが増えていたこともあって、流行りに乗って9社を買収したのですが、正

経営者に求められる風土改革への覚悟

個を活かし、日米の ハイブリッド型経営目指せ

100人100通りの働き方を標榜し、「自立と議論」に基づくチームワークを大事にするサイボウズ。
トップである青野慶久氏のマネジメント上の失敗をきっかけに、数々の試行錯誤を続けた結果、
現在の多様性重視の組織風土づくりにたどり着いた。
石垣を積み上げるように、個それぞれを活かし、働き方の「わがまま」を尊重するに従い、
離職率は時間をかけて改善し業績も向上。多様性尊重と組織の強靭さを同時実現する秘訣とは何か。

Photo: Hideki Ookura   Text: Miho Otobe

青野 慶久

サイボウズ株式会社 代表取締役社長

直なところ、規模が大きくなることにさほど喜びを感じられませんでした。

経営に行き詰まり、社内の議論もうまくいかず、道を歩いていても「あのクルマが今ぶつかってきてくれたら、僕は社長を辞められるかも」と、かなり深刻になっていた頃です。休日出勤の朝、いつもおにぎりを買うコンビニで何気なく手にした松下幸之助さんの著書を見て、ハッと目が覚めました。

「本気になって、真剣に志を立てよう。強い志があれば、事はもはや半ば達せられたといってもよい」

ドーンと雷に打たれたような思いでした。この言葉を見て、「自分に足りなかったのはこれだ！」と気づかされたのです。

自分が命をかけるほどやりたいこと

は何なのか。改めて見つめ直してみました。思い返せば、私は子どもの頃からコンピュータオタクで、ソフトウェアをつくることに喜びを感じていました。自問自答した末にたどり着いた結論は「本当に目指したいのは、規模の拡大ではなく、"世界一のグループウェア企業をつくる"こと」。結局、買収した企業は8社売却し、真剣になれる領域だけ残し、チームワークを促進するグループウェア事業を中心とした、シンプルな組織に生まれ変わらせたのです。

同時に、創業当時の社長が立てた「五精神」――「一芸に秀でる」「ベストを尽くす」「誠実」「チームワーク」「人から学ぶ」についても、本当に大事にしたい精神なのかどうか違和感を覚えるようになりました。そこで、新たな

経営理念のキーワードとして「より多くの人」「より成長」「より長く働く」を掲げたてみたのですが、これについても次第に少し違うなと感じ始めました。

というのも、私は松下電工をたった3年で退社していますが、辞めたことは後悔していないし、辞めたいタイミングで辞められることが一番いいのではないかと思えてきました。「より成長」についても、さまざまなライフイベントがある中で、成長を全員に求め続けるのも違う。成長したい人はすればいいし、現状維持を望む人がいてもいいはず。そのような経緯をたどりながら、多様な人が集まって成り立つ組織を模索し、「100人100通りの働き方」の実現を目指すようになっていきました。

■ 風土改革に求められる ■ 経営者の姿勢

そのために整えたのが、「制度」「ツール」「風土」の3つです（**図表1**）。働く時間帯、場所を自由に選べるようにするには、まずは働き方の制度をつくる必要があります。さらに、副業も認め、週3日は当社、残りの2日は別の会社の仕事に従事するといったスタイルも可能にしました。もちろん、育児休業の延長や子連れ出勤なども含めて、働き方の選択肢を増やしていきました。

多様な働き方を実現するためには、それを支えるツールが不可欠です。当時はZoomがなかったので、自分たちでビデオ会議システムや情報共有クラウドを作成。セキュリティー面も確保し、いつでもどこでも仕事ができるようにしました。

加えて、こういった制度を定着させるためには、社内の風土も変えていく必要があります。たとえば、「残業を

図表1	多様な個性を活かす3要素

制度	ツール
在宅勤務、人事評価と給与、育児休業、採用・退職、副業など	情報共有クラウド、ビデオ会議、VPN、セキュリティー、リアルオフィス

風土（文化）
理想への共感、多様な個性を重視、公明正大、自立と議論など

一切しない」という働き方は、子育て中の女性社員が多く取り入れていたのですが、次第に独身の若手男性から「その分、僕らにしわ寄せがきている」とクレームが出るようになってしまった。しかし、残業しない制度は、性別や子どもの有無に関係なく誰でも選ぶことができるので、「押し付けられているわけではなく、自分の意志で残業のある働き方を選んだ」と自覚していれば、ほかの人の働き方に対して不満は出ないはず。「自分が望む働き方を、自らの意志によって選択している」という考えを社内全体に行き渡

らせなければならないと感じたのです。

とはいえ、社員の考えをいきなり変えるのは、一筋縄ではいかず、私自身、非常に苦悩したこともありました。

ある営業部のマネジャーは、「営業たるもの、毎朝8時に出社して日経新聞を読むべき」という自身の考えを変えられず、メンバーにそれを押し付けていました。これでは、100人100通りの働き方は実現できない。「あなたがそれをやるのはいいけれど、メンバーに押し付けるのはやめてほしい」と注意したのですが、変わらなかったため、彼には部下をつけずにチームを離れてもらったことがあります。

彼の営業としての手腕は高く評価していましたが、多様なニーズを尊重するためには、ルールを徹底し、ルールを守れない人には厳しく対応しなければならない。「制度さえ整えれば、風土は現場から変わっていく」などというのは机上の空論にすぎず、元の風土に戻ろうとする動きは社内で必ず起きます。経営者には、それを許さない姿勢を見せることが求められますし、それだけの覚悟を持たなければならないのです。

PROFILE

青野 慶久（あおの・よしひさ）

1971年生まれ。愛媛県今治市出身。大阪大学工学部情報システム工学科卒業後、松下電工（現パナソニック）を経て、1997年8月愛媛県松山市でサイボウズを設立。2005年4月代表取締役社長に就任（現任）。社内のワークスタイル変革を推進し離職率を大幅に低減するとともに、3児の父として3度の育児休暇を取得。総務省等の働き方変革プロジェクトの外部アドバイザーや一般社団法人ソフトウェア協会の筆頭副会長を務める。

なので、私は制度を整えた後も風土をよりよくすることに注力してきました。そのために掲げたのが「理想への共感」「多様な個性を重視」「公明正大」「自立と議論」の4つです。さまざまな人が異なる働き方をする組織においては、目指す理想を合わせ、全員がその理想に共感していることが大切。この風土が合わずに去っていった人もいましたが、理想に共感できないならば、それも仕方のないことだと思います。

"アホ"は許すけど嘘は許さないのがルール

また、働き方の制度は整えたら終わりではなく、時と場合に応じて柔軟に変化させていく必要があります。社員からは、その時々に応じてさまざまな要望が上がってきますが、現実的にすべての要望を聞き入れることはできません。ただ、「多様な個性」は尊重されるべき。「そんなのムリ！」と一刀両断せず、どんな要望であっても、一度は議論の俎上に載せて、そのプロセスもオープンにしています。

多様な働き方においてもっとも必要とされるのが「公明正大」でしょう。各人が異なる時間や場所で働いているので、嘘をついたり都合の悪い情報を隠していると、組織は一気に崩壊します。だから、「"アホ"は許すけれど、嘘は許さない」が当社のルール。たとえば、寝坊して会議に遅刻してしまう場合、つい「体調が悪くて」「電車が遅れた」などと嘘をつきたくな

りますよね。ですが、当社ではみな「すみません、寝坊しました」と正直に言います。そもそも、なぜ嘘をついてしまうかというと、「昨晩飲みすぎて寝坊した」と正直に言ったら大目玉を食らうから。そうならないように、上司も怒らずに「正直に教えてくれてありがとう」と返すことに決めています。

また、実務においても、すべてをオープンにするのが基本。進行中の仕事も開示しておくことで、急に休まなければならなくなったときも、ほかの誰かにバトンタッチできますし、チームワークが高まります。

「自立と議論」は、周囲と議論して、自分で道を切り開くのが当社においての基本姿勢だということ。端的に言えば「主張せずに他人のせいにするのは卑怯」だということです。「説明責任」という言葉はよく聞きますが、当社には「質問責任」という言葉があります。これは、疑問に感じたり、改善したいと思うことは、質問し、議論する責任があるという意味です。

当社では経営に関しても透明性を大切にしており、経営会議の様子はリアルタイムで配信し、議事録も社内の全員がアクセスできるようになっています。だから、トップや役職者に対して不満があるならば、質問責任を果たさなければなりません。

近年では、誰でも経営に対して意見を表明できるアプリも作成し、いつでも自分の考えを伝えることができます。このアプリは大いに活用されていて、私の起案したものに対して、このアプリを通じて反対意見が多数寄せられ、結局成立しなかったこともありました。

ある意味では、当社で働くのは苦労が多いと言えるでしょう。社内に公開されている情報は逐一チェックしなければならず、自分がどのような考えを持っているのかも表明する必要がある。それをやらないで文句を言うのは許されないわけですから。

社員いわく、このような風土だと、飲み会が盛り上がらないのだとか。愚痴でも言おうものなら「それ、きち

「新卒一括採用、長期雇用、年功序列の日本型経営から、ジョブ型採用、成果型の評価の米国的経営に移行すべき」という声もよく聞かれるが、米国的経営は、人材流動性が高い社会だから成り立つのであり、日本でそのまままねするのは無理がある。だから、日本の商習慣や文化的背景を考慮し、日本型経営の長所は維持しながら、米国的な経営のよい部分は取り入れてアップデートしていく。「日米のハイブリッド型経営」がいい。サイボウズはそのような経営スタイルによって、シリコンバレーが生み出す世界的な製品とも、互角に勝負している。

んと上司に伝えた？　質問責任を果たしていないよね」などとツッコまれるから（笑）。一方で、声を上げれば、どんなささいなことであってもきちんと会議にかけて話し合いますし、実務においても、周囲に助けを求めれば、必ず上司や同僚が助けてくれる組織でもあるのです。

直接の要因ではないが 風土改革は業績を下支えする

組織風土を変えて、まず目に見えて変わったのは、社員の定着率が上がったことでしょう。多様な働き方を実現したことで、辞める理由がなくなったのです（**図表2**）。

多様な働き方が可能になると、社員の個性がより磨かれ、それが新たなビジネスにつながっていく。たとえば、副業で農業をやっている社員がいるのですが、自分の畑の栽培管理に当社のシステム業務改善プラットフォーム「kintone」を使っていたら、そ

れが「IoT農業だ」と話題になって、さまざまな農業法人が見学に来たそうです。そのようにしてビジネスチャンスが生まれたケースが当社にはたくさんあります。さまざまな形や大きさの石が組み合わさって頑丈な石垣が出来上がるように、個性が大きな武器になっていったのです。

今、当社の社員の平均年齢は35歳。給与評価は年功序列ではなく、個々人の能力によって判断しています。実は入社したばかりの新入社員でも給与は一律ではありません。学生時代にプログラマーとして実績を上げているような人であれば、当社を選んでもらえるように、新入社員であってもそれなりの待遇を用意します。

もちろん、給与について不満がある社員は、質問責任を果たし、「私はこれぐらいのスキルがあり、社外ではこのくらいの給与をもらえると思う。だからもっと給与を上げて欲しい」と交渉できる。自分の市場価値を見極めるのも仕事の一つです。

風土改革が進むにつれて業績も上がりましたが、売上が増えた直接的な要因は風土ではなく、クラウドサービスにビジネスモデルをシフトさせたのが功を奏したから。ですが、ビジネスモデルをスムーズに移行できたのは、社員の定着率がよく、モチベーションが高かったからにほかなりません。風土改革は業績にダイレクトに影響を及ぼすわけではなくても、業績を下支えしていることは間違いないでしょう。

21年からは、取締役の社内公募を開始しました。募集をかけたところ、17人から手が挙がり、中には新入社員もいました。就任した取締役には、経営会議や取締役会で説明責任を果たしてもらうようにしています。そうすることで、社内の透明性がより高まるだけでなく、取締役の任期を終えて現場に戻ったときに、高い視座で仕事に当たることができるようになります。

規模が大きくなったからこそ、会社をリードしていく気概を持った社員を意識的に増やす必要を感じており、最近では、より挑戦的なリーダーを育てる社内大学を企画しています。風土はつくり上げて終わりではなく、維持し、さらに進化させる必要がある。当社の組織運営は、日々実験をしているようなもの。社員数が1300人に成長し、使用言語も日本語だけではなくグローバル化する中で、どうやって組織風土を維持向上していくか。これが経営者としての最大の仕事だと思いますし、真剣な覚悟が問われていると強く感じています。●

図表2　離職率と売上高

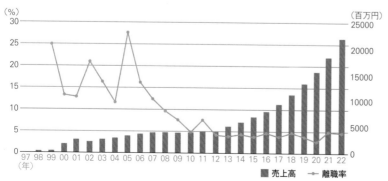

※ (99) 半年決算、(11) より連結での業績、(12) 11ヵ月決算。

若手人材を動かすコツ

Z世代が強いチームになるために必要なこと

「Z世代」と呼ばれる現在の10～20代は、仲間づくりはSNSが基本、
モノよりコトに価値や優位性を見いだすなど、上位世代の経営層とは考え方が違うところがある。
どうすれば彼らとともに、強固な組織やチームをつくれるのか。帝京大学ラグビー部の監督を務め、
大学選手権9連覇・10度優勝の実績を上げた岩出雅之氏が自身の経験を語った。

Photo: Yojiro Terasawa　Text: Hiroshi Sakata

岩出 雅之

帝京大学
スポーツ局 局長・医療技術学部 教授

「規律」と「関係性」を重視

　大学ラグビー部の監督就任当初感じたのは、よく言えば「自由」、悪く言えば「放任」の文化でした。それまで高校生を教えていた私は「もう少し細かく指導や管理をしたほうがいい」と思い実行したのですが、自由に慣れた学生たちの反発を招いてしまいます。また「厳しい練習を続けていれば勝てる」と思わせることもできず、当時の学生たちは半信半疑で練習をしていたようでした。

　自由と管理のバランスがとれた活動のためにまず重視したのが「規律」です。みんなで決める規則やルールとは違い、規律は自分が決めたもの。自由の中にあっても、一人ひとりが自分をコントロールできるようになれば、厳しい練習であっても継続できます。

　もう1つ注力したのが、チームの「関係性」です。約150人いる部員のうち、私からも一人ひとりに話しかけるのですが、キャプテンや各グループのリーダーなど上級生が下級生に積極的に関わってもらうようにもしています。

　下級生の理解度やレベルを見極めながら適切な難度で問いかけを繰り返す。その中で下級生の理解度を高め、気づきを誘う仕掛けです。逆に、メンバー個人の気づきや疑問などがリーダーやキャプテンを通じて私に伝わることも多々あります。

　トップダウンとボトムアップは両方とも大切ですが、チームの関係性のカギを握るのは今述べたような「ミドルアップダウン」だと考えます。人数が多いミドルが、上下をつなぐ意識を持ち、かつ横の連携も担うことで、お互い学び合える自律型の集団になることができます。

　さらに、雑用などを下級生に代わって上級生が行うようにしました。下級生は自分のことに集中でき、雑用をやってくれる上級生に対し感謝の気持ちが芽生えます。

　チーム全体の心理的安全性が高まることで、誰もが意見を言いやすくなり、挑戦しやすくなります。挑戦には失

敗がつきものですが、失敗を認め、許し、誰かがすぐフォローできるチームになったことで強くなっていきました。

つまりチームの文化を変えていったわけです。急には変われませんが、じっくりやればその文化が失われることもありません。文化を変えたことこそ、9連覇を成し遂げる常勝チームになれた最大の要因だと思っています。

自分から行動を変え自律型集団へ

ただ、その後連覇が止まったのもまた、文化が原因でした。上級生が雑用をやってくれるのを下級生が当たり前に思うようになり、感謝の気持ちが薄れていったのです。勝つことに慣れ責任感が弱まると、単なる仲良しグループになり下がってしまいます。心理的安全性のわなにはまり、やさしさが「ゆるさ」に転じたのです。

この結果、成長が中途半端なところで止まってしまいます。そこで私が直接指導や管理を行うことにしたものの、すればするほど自律性が失われ逆効果となってしまいました。改めて「組織のリーダーは指示・命令で引っ張るべきではない」と思い知らされました。

いわゆる「アメとムチ」による「外発的動機」は、即効性があるように見えますが、アメとムチがなくなれば元に戻ります。外発的動機では本質的に何も変わらないのです。

その逆の「内発的動機」が発動されるためには、本人が自分で気づき、自分から行動を変えていく必要があります。そのためには、リーダーは間接的な指導やコミュニケーションを根気よく行うなど、手間も時間もかける必要があります。非常にまどろっこしく思えますが、直接的な指示・命令よりも確実に効果があることは断言できます。

人のモチベーションが高まるのは、外部から報酬を得たときではなく、自分の内側から湧く興味や楽しさを感じたときです。内発的動機がうまく発動することで、人は充実感を得て、高いパフォーマンスを発揮できるようになります。

下級生は目の前で先輩たちが優勝するのを見ると、「ああなりたい。自分も優勝して喜びたい」と感じ、それが大きなモチベーションの源泉になります。

ビジネスにおいても、上司や先輩が成果を出している姿を目の前で見せることで、若い人たちのモチベーションを高め強固な関係性が築けるのではないでしょうか。

一方で「単に優秀な人材をかき集めれば手早く強いチームがつくれるのでは?」と聞かれたら、私の答えは「NO」です。本来備わっている能力以上に、個人が自分をよい方向に変え続けるための自己学習が何よりも大切になってくるのです。

その成果を最大限高めるには勝ち負け双方の「体験」を、そこから得る知識や学びを含めた「経験」に変える必要があります。その手段として体験を言語化し再現性を高めることが欠かせません。さらに、その言語化した経験を周りにも伝えることで、自分の経験をチームに還元させることができます。

みずから内発的動機が発動し、体験を言葉にして伝え合う。こうした自律型の集団になることが、強いチームになるための絶対条件であり、Z世代の能力を引き出すポイントだと私は確信しています。

PROFILE

岩出 雅之 (いわで・まさゆき)

帝京大学スポーツ局局長、スポーツ医科学センター副センター長、医療技術学部スポーツ医療学科教授。
1958年、和歌山県新宮市生まれ。日本体育大学在学中ラグビー部主将を務める。卒業後滋賀県の教員となり、高校勤務時にはラグビー部を7年連続全国大会出場に導く。1996年から帝京大学ラグビー部監督。2009年度大学選手権で創部以来初の日本一となり、2017年度まで9連覇。その後優勝を逃すも2021年度に10度目の優勝を達成、同年度に監督を引退。

Chapter

5

21世紀に活かすべき
欧米型経営手法の本質

2000年代以降の日本経済の低迷は、日本企業の経営手法や雇用システムの問題による
ものと捉えられ、それに代わって、欧米型の新自由主義経済に基づく経営手法が「グロ
ーバルスタンダード」となった。コーポレートガバナンス改革や雇用制度の改革は、日本
企業にも広がり、採り入れられてきた。

しかし、その変革や制度導入は、システムの不適合を起こしてはいないだろうか。カタカナ
言葉の目新しさにむやみに乗るだけでは、本質的な問題解決にはつながらない。日本企業
の再生には、自らの根源を考え、知恵を生み出し、システムをすり合わせる必要がある。

「舶来病」ではなく「志」から生まれる日本流を目指せ

企業は欧米流の経営手法と
どう向き合うべきか

明治以降、「和魂洋才」の精神で、欧米の優れた技術や手法を貪欲に吸収してきた日本企業。

しかし、自分たちの拠り所や、目指す姿を忘れたまま、流行の手法を導入することが目的化していないだろうか。

著書『パーパス経営』などで「資本主義から志本主義を目指せ」と訴え、「ヤマト言葉」の経営用語を

大事にする名和高司氏は、欧米流の新しい経営手法を取り入れるときに陥りがちな問題を指摘する。

Photo: Shinya Nishizaki　Text: Toshio Kato

名和 高司

一橋ビジネススクール 国際企業戦略専攻 客員教授

勉強熱心すぎた
日本人の「弊害」

——近年の日本企業の多くが陥っていた問題を「舶来病」と批判されています。どのような病なのでしょうか。

1980年代後半、経営学者の伊丹敬之先生が、カネではなくヒトこそが経済と経営の基軸になるという「人本主義」を提唱され、日本企業の強みはここにあると大きな話題になりました。ところが90年代にバブル崩壊の反動もあり、欧米からキャピタリズム的な経営を取り入れるべきだという風潮が高まりました。当時、経済学者のミルトン・フリードマンが世界的に人気を集めており、彼の唱える市場原理主義に飛びついたことが日本企業の間違いの始まりでした。

それ以降、一見わかりやすくて格好いい欧米流の経営手法が季節風のように次々と入ってきました。その思考の流れは大きく2つあり、その1つが感性よりも理性を重視したロジカルシンキングです。しかしそれでは行き過ぎだとなり、今度は感性に振れたデザインシンキングを取り入れ始めます（**図表1**）。

どちらもわかりやすい手法ではあるのですが、あくまで全体の中の一部であることを理解せぬまま、平成には多くの企業が着せ替え人形のようにいろいろな"衣装"を上に羽織るようになりました。それが舶来病です。欧米流の経営モデルを付け焼刃的に後追いした結果、日本経済は長きにわたり低迷してしまうことになります。

実は当時、欧米で先進的な考え方をしていた人たちは、単一的な思考ではなく、いろいろなこととのバランスを取りつつ進化していく複雑系のシステムシンキングを用いていました。これは日本の思想と本質的にはつながっているのですが、そのことに気づかなかったため日本では定着しませんでした。日本は和洋折衷という言葉のとおり、本来はいろいろなものをうまく取り込んで、より日本的なものへと進化させることを得意としています。AかBかの二項対立ではなく、AもBもという二項動態で上手にバランスを取れるのがよさだったのに、そこを忘れてしまっていたのです（**図表2**）。

その理由の1つは、日本人が勉強熱心すぎたことです。自分たちのやり方に自信がもてず、書物やコンサルタントから学んで、一生懸命、外から取り込もうと努力したことが、結果的にあだになりました。日本的な学習の本質である「守破離」において、「守」はいろいろなものを知るうえで必要な過程ではありますが、「守」一辺倒で「破」と「離」が抜け落ちていた。学習の後に必要な脱学習を行わず、消化不良のまま情報を詰め込み流されてしまったのが、日本の「失われた30年」だったと思います。

——平成の時代に日本企業が取り入れた欧米の経営手法のうち、特に大きな問題は何だったのでしょうか。

私は、戦略優位や戦略転換などの戦略に一方的に振れてしまったことが平成の大間違いだと思っています。戦略という言葉を経営に持ち込んだのは

図表1 3つの思考パラダイム

	ロジカルシンキング	デザインシンキング	システムシンキング
❶基軸	直感→科学（真）	科学→アート（美）	構造→複雑系（善）
❷落とし穴	合理的な愚か者	共同幻想	誇大妄想
❸進化系	クリティカルシンキング	ラテラルシンキング	スピリチュアルシンキング
❹大学	ハーバード	スタンフォード	MIT
❺機関	マッキンゼー	IDEO	妙心寺
❻価値	機能価値	感性価値	共感価値
❼マーケティング	1.0	2.0	3.0
❽パラダイム	機械論	認識論	生命論
❾人間観	ホモサピエンス（英知人）	ホモ・ルーデンス（遊戯人）	ホモ・ソシオロジクス（社会人）
❿AI	マシーンラーニング（機械学習）	ディープラーニング（深層学習）	トランスファーラーニング（転移学習）

名和高司『桁違いの成長と深化をもたらす10X思考』（ディスカヴァー・トゥエンティワン）より抜粋

マイケル・ポーター（ハーバード大学経営大学院教授）です。日本企業は当時、彼が唱える競争戦略をこぞって取り入れました。しかし、戦略とは本来、状況によって変えていくものであり、正しいことをその場その場で判断できる力のほうが重要です。

コーポレートガバナンスは外付けの思想の最たるものでしょう。本来、個人が自律的に行動すべきものを、ガバナンスコードなどといって外から規制するのは相当お粗末です。また、最近、ジョブ型かメンバーシップ型かの是非が問われていますが、海外ではジョブ型などという言葉はない。個人のキャリアを起点として制度を形作るべきところを、会社の都合を押し付けている。これらの思想や手法の押し付けは、全然イケてないわけです。

SDGsの17項目の目標も、上辺だけで取り組んでいる限りはただの「儲からないリスト」です。困っている人を助けるというなら、きちんと儲けて活動が続けられるようにすべきでしょう。では

いかに目標を経済価値に落とし込むか。それにはイノベーションが欠かせません。

自分は何のために何をしたいのかというパーパスを取り戻し、現実をしっかり見ながら舵を取っていく。その中で、いろいろなことを試して新しい知見を得ることを学習優位と呼んでいます。そこから次に取るべき行動も見えてくる。ただしその場合は、離れた場所に跳ぶのではなく、ピボット（回転軸。転じて事業転換や方向転換の意）しながら新しいことをやっていくことが必要になります。あくまで自分の強みに立脚しつつ進化する「ずらし」の手法です。

「ゆらぎ」「つなぎ」「ずらし」は10年前から私が言い続けている言葉ですが、これは生物の進化のリズムを指します。ダーウィンの進化論は現在では否定されており、生態系全体が進化していくという考え方が主流になっています。最初に変化に気づく個体は、一番変化にさらされている個体です。その変化を隣の個体につないで、結果的に生態系全体でバージョンアップしていく、一方でその生態系につながっていない種は滅びていくというのが今の進化生物学です。

これをビジネスのイノベーションの本質的な運動になぞらえると、シリコンバレーや中国の元気な企業は毎日のようにいろいろなものを試し、その中でスジがよいものを伸ばしています。これこそが彼らがイノベーションを起こせる理由であり、日本人もそのリズムを実践していかなければなりません。

図表2　「しくみ」の外付け――各時代の日本流と舶来病の問題点

●**江戸時代の日本流：古来の和魂漢才から和魂の追究へ**
中国伝来の漢学を排し、日本独自の文化や思想「もののあわれ」「いにしえごころ」を重視する国学（本居宣長）や、「利を求むるに道あり」と、商行為の社会的意義や倫理観を論じ、倹約と勤勉を重視する石門心学（石田梅岩）など、「志」から思想が発生

> いろいろな思想を
> 取り込み
> より日本的なものへと
> 進化させる
> 「二項動態」「折衷」

●**明治時代の日本流：和魂洋才**
明治維新後も石門心学の「勤勉と美徳」（資本の倫理）、上杉鷹山の「倹約と勤勉」（資本の論理）という和魂を失わないまま、洋才＝西洋の資本主義経済とシステム、方法論、技術を取り入れる。マックス・ウェーバーの『プロテスタンティズムの倫理と資本主義精神』にも匹敵する資本主義の本質的精神が根づいた

●**大正～戦前期の日本流：欧米流のうわべだけの模倣と軍国主義**
モボ・モガなど表面的な西洋風俗のモダニズムが流行、デモクラシーなどの思想や政治・経済・文化が欧米から流入。関東大震災・世界恐慌の暗黒期が始まり軍国主義へ傾倒、負の時代へ突入。このころ現代社会の原型が生まれた

> 舶来病から
> 国粋主義への
> 揺り戻し

●**戦後の日本流：洋才から米才へ、志ある企業家の登場**
第二次世界大戦敗戦後、東洋の奇跡と呼ばれる復興を遂げる。ただし、米国の経済的支配下にあり、「洋才」が「米才」になっただけとも見える。解体された財閥に代わって、松下（現パナソニック）、ホンダ、ソニーなどの企業家が「日本資本主義精神」（山本七平）を体現。高度成長期にも「志」に基づく経営が登場

> 米国に追随しつつ、
> 日本的経営と
> 人本主義が形成される

●**平成の日本流：失われた30年と拝米主義**
ジャパン・アズ・ナンバーワンの栄光も束の間、バブル経済が崩壊。質実剛健と勤勉を旨とした日本資本主義が影を潜め、グローバルスタンダードの掛け声のもと、米国型資本主義にますます傾斜。ITバブル、金融バブル、株主資本主義型ガバナンスバブルの「3つのバブル」に踊らされ、和魂を喪失する

> 欧米流の経営モデルを
> 付け焼刃的に後追い
> 外からの取り込みが
> 行きすぎ舶来病に

名和高司『パーパス経営』（東洋経済新報社）第14章「失われた三〇年の蹉跌」より要約、抜粋

ダイバーシティーの時代こそ「和」の精神を

――日本企業が強みを失わずに「進化」を続けるための日本的経営とは、どのような経営なのでしょうか。

100年以上経っても進化し続けている企業を見ると、「変身」ではなく、幼虫がさなぎになって蝶になるような「変態」を行っています。変身はほかからコスチュームを借りてくればいくらでもコスプレできますが、変態はもともと自分のDNAに織り込まれているものを開花させる作業ですから、素材は自分しかありません。自分たちを内側から変えていくのです。日本の歴史にも同じことが言えます。明治の文明開化や第二次世界大戦後は、変態によって日本らしく進化しました。

日本の原点は、決して同じところにとどまらず、常に流れるものに対して身を寄せていくことにあります。そのとき必要になるのが時間軸と空間軸です。両方の軸をしっかり持ったうえで、ゆらぎ、変化することができます。

軸を失わないためには、人それぞれにパーパスを持つことが必要です。私は以前、パーパスを「北極星」と表現していましたが、今は「星座群」と言い改め、それぞれの星座を見つけてくださいと伝えています。未来に向かって自由演技的なものを自分のパーパスとして紡ぎ出していく。それが時間軸になります。

空間軸については、「和」を尊重する日本の強みを活かすことが大切です。これまで日本は、「和」という言葉で周囲を取り込んできましたが、これは同質的なものに対する「和」である場合が多かった。令和のダイバーシティー＆インクルージョンの時代には、異質的なものに対する「和」も問われています。改めて社内の和を捉え直し、社外の人たちともう一回コネクトしていくにも、パーパスが必要です。今までは組織の内側と外側との間に壁をつくっていましたが、その壁を取っ払うだけだとみんなバラバラになってしまう。求心力を保つためには、みんなを集める磁石としてのパーパスを空間軸に備えることが重要なのです。

このように、時間軸的な進化と空間軸の広がりを考えたとき、私がキーワードにしているのは「非線形（非連続）で開放型」です。今までと違った方向をしっかり示すことを原則にしながら、開放型にすることで周囲を巻き込み広げていく姿勢です。

非線形と開放型は、生命の運動そのものとも言えます。生物学者の福岡伸一先生が提唱する「動的平衡」は、常に変わっていきながら、新しい環境になじみバランスを取っていくという生命の営みです。日本もかつては実践できていたのですが、最近はそのDNAが弱ってきている。非線形と開放型を取り戻すことができれば、時間軸的な進化が速くなるし、空間も広がっていく。それがこれからの、パーパスを中心に日本の企業が伸びていく可能性につながると思います。

――最近注目されるパーパスという概念も欧米発ですが、これを日本流にするならどう考えればいいでしょうか。

パーパスは、存在目的や大義と捉えられることがありますが、それは会社の立場からの言葉だと思っていて、私は「志」と呼んでいます。志は、みんなが本当に何をしたいのか、どうありたいのかという自分の内側からの想いでないと意味がありません。社長一人の想いにすぎないことをパーパスに設定しても、社員には押し付けられ感が残るだけです。社員一人ひとりが自分ごと化したマイパーパスを実現する場として仕事があるのであり、たくさんのマイパーパスを束ねていくのが会社の役割です。

パーパスは言語化した一つの目標や夢であり、これには明確な答えはありません。私は「求道精神」と言っていますが、常に求めていくしかないのです。軸がはっきりしていないという意識を持つことがとても大切で、常に軸を探し続ける活動を怠ればそこで成長は止まってしまいます。

そもそも日本人は特定の型を持たない民族です。だから何かにつけて自分探しをする。しかし、常にゆらいでいるところこそが日本人のよいところなのです。もっと言うと、個人がありません。個人がないことはイコール、自我がない、アイデンティティーが確立していないなどと否定的に受け取る人が多いのですが、私はそう考えることも舶来病だと思っています。アイデンティティーがない人たちは、逆に言うといろいろなものを切り分けることなく調和し、取り込んでいく力を持っています。どこからどこまでが自分なのか

がわからないぐらいのゆらぎがあることは、日本人の優れた民族性の一つなのです。

「たくみ」を「しくみ」化する強い日本企業

——今回のコロナ禍を大手企業はほぼ克服したと思いますが、今後どのような道を探ればいいのでしょうか。

それには伝統と革新がキーワードになります。日本は100年以上の伝統を持つ企業が世界一多いと言われます。中にはただ続いているだけ、という企業も少なくないのですが、とはいえ生き残っているからにはいろいろな伝統があるはずで、その伝統を再編集すれば、新しいものが生まれてくるに違いありません。そもそもイノベーションの本質は創造的破壊です。創造的破壊とは、創造するために今あるものを破壊して組み替えることです。それを再編集できていないのはもったいない限りです。

今すでにあるものを再編集して新しいものをつくることができれば、その過程で知恵が生まれて、既存の資産もよみがえる可能性があります。そのため、伝統と革新はペアで活動するのが理想であり、出島のように切り離すのはよくありません。伝統企業と革新企業が一体となる、あるいはシニアの知恵と若い人のがむしゃらさを掛け合わせることによって、新しいものを生み出してほしいと思います。

また、業界をまたぐことでも新しいものが生まれます。自社が持つ強みを他と掛け算する活動を続けていくと、自社の技が違う業界にも活かせることに気づきます。そのためにはピボット、すなわち「ずらし」が大事です。私は今、100年以上の歴史を持ちながら進化し続けている企業の研究をしていますが、企業はおおよそ30年ごとに次の創業期を迎えて生まれ変わりを繰り返しています。企業の寿命30年説とよく言われるのも、1つの事業のタームは30年で終わることが多いからです。

100年以上進化を続けてきた企業は、既存の事業がピークを過ぎる少し手前からそのタイミングを察知して、自社の強みを従来とは違う形にずらし、新しい立ち上げを繰り返すことができています。たとえば島津製作所やSCREENホールディングス、味の素、花王、ロート製薬、ポーラなどもそうして進化してきました。伝統だけでは生き残っていけませんが、伝統の中にこそ次の芽があるので、それをずらし続けることで、日本的な進化を遂げているのです。

——ご著書で、DXを例にとり、「現場の『たくみ』を組織全体の『しくみ』にアルゴリズム化する知恵が不可欠」と指摘しています。

「たくみ」は工夫の方向を示すもので、本当のn=1の「たくみ」は人間しかできません。AIはビッグデータがないと何も判断できないので、n=1という最初のデータをつくる必要があるのです。これには人間の想像力や深い思考力が必要です。しかもそれは現場の人たちが創意工夫しながらつくっていくわけで、この現場力は日本が強いところでもあります。

ただ、それをどう標準化し、スケールさせるかには「しくみ」が必要です。「たくみ」と「しくみ」は、深く技を極めるのか、それとも標準化して広めるのかという二律背反の関係にあるようにも見えますが、日本はかつては「しくみ」も得意でした。それなのに、今は「しくみ」を忘れて「たくみ」にばかり逃げています。しかし、「たくみ」を「しくみ」に落とし込むことができれば、現場で創意工夫したスジのよいアイデアがしっかり型になり、標準もどんどん進化

名和高司が考える「シン・日本的経営」とは

一つは、時空間を再編集し続ける生命体で、「動的平衡」現象。あるいは、パーパスや、それを実践する力を持ちながら、そのプラクティスの中にしっかりとした原理原則を内包し、「ピボットする（ずらす）」勇気も持っていること。

そして一番のコアは、「ぶれない信頼」。それでいて、「常に開かれていて未完」でもある。軸を探し続けようとする精神性こそ、日本の経営の未来につながる。

します。こうした「たくみ」を「しくみ」にする活動のことを、私の先生でもある野中郁次郎先生はクリエーティブルーティンと名付けました。クリエーティビティは現場で生まれるものですが、その先の、スジがよいものを見つけて次の標準に落とし込む活動がクリエーティブルーティンであり、これによって「たくみ」が生まれるたびに「しくみ」が進化するのです。

PROFILE

名和 高司 (なわ・たかし)

東京大学法学部卒業、ハーバード・ビジネス・スクールにてMBA取得（ベーカー・スカラー）。三菱商事に約10年間勤務。2010年まで、マッキンゼーのディレクターとして約20年間、コンサルティングに従事。2010年6月より一橋大学大学院国際企業戦略研究科教授に、2022年4月より京都先端科学大学教授に就任。ファーストリテイリング、デンソーなどの社外取締役を歴任。主な著作に『パーパス経営』（東洋経済新報社）『桁違いの成長と深化をもたらす 10X思考』（ディスカヴァー・トゥエンティワン）など。

——「たくみ」を「しくみ」に落とし込むことで成功した日本企業の例は。

世界に冠たる日本のモデルが2つあります。1つはトヨタ自動車で、もう1つがセブン-イレブン・ジャパンです。

トヨタのTPS（トヨタプロダクションシステム）は、製造ラインで問題が発生すると人間が駆けつけて解決し、その答えはTPSの中に標準として組み込まれます。だから、問題が起こるたびに標準が進化するのです。他の企業がTPSを導入してもなかなかまねできないのが、この進化の部分です。

セブン-イレブン・ジャパンはかつて、毎週月曜日に社内でディスカッションを行い、流行にとらわれずに独自の仮説を立てていました。それを一部の店舗で検証し、うまくいけば全国に広げていく。この一連の取り組みがセブン-イレブンの進化を可能にしました。その成果の一つが「金の食パン」シリーズで、金のセブンプレミアムゴールドシリーズはプライベートブランドになりました。ワンランク上の商品、価格帯はデフレの時代性からは少しずれていたのですが、市場は好反応を示し、1つのマーケットになったわけです。これはまさに学習優位です。

経営手法を企業に落とし込むカギは「編集力」

——今後、企業は新しい経営手法をどのように選別すべきでしょうか。また、日本流に落とし込むときのポイントはどこにあるでしょうか。

ポイントは3つあると思います。「座標軸の設定」「編集力」「動的平衡」です。まず準備運動として、動き出す前に一歩引いて、自分たちのパーパス（志）とビリーフ（信念）を明確にします。自分たちが目指したい姿と、信念として持っているものを見つめ直すことで、目指す方向への座標軸を設定します。

そして、自社の資産や伝統に加えて、周りを見渡し、異業種の資産なども自社の座標軸の中でうまく取り込みつなぎ直していく。それが編集力です。無から有をつくり出す「0→1」（ゼロイチ）は、編集するための材料が一つ生まれるだけのことで、それを使って新しい組み合わせをつくって価値を大きくしていかないと意味がありません。「0→1」ではなく、「1→10」、「10→100」にすることが編集力です。

この編集力について、日本人は天賦の才を持っています。たとえば、料理の世界では今、もっともおいしいフランス料理や中華料理を食べられるのは日本だと言われています。海外の料理を取り込み上手に編集し直した結果です。ビジネスにおいても、こうした編集力を取り戻すことで勝負できます。

ただし、同じ市場や商材ばかりを狙うのではなく、常にずらし続けて、他に展開していく視点も必要です。展開すると安定感はなくなりますから、その都度、「動的平衡」でバランスを取る。このバランスも変化していくのですが、ある時点においては安定が取れている、という動き方を日本は今まで続けてきました。この3つを取り戻すことが大事です。 ❶

【寄稿】

DNAに刻まれた日本独自の成長システムの探究
雇用・人事の在り方と
日本的経営をどう修正すべきか

終身雇用・年功序列型賃金・企業内組合が三種の神器と言われた日本的経営。
しかし、バブル崩壊後に日経連が打ち出した方針「新時代の日本的経営」以降、
新自由主義経済の下で雇用の自由化と欧米系の手法の導入が進んだ。果たしてこの道は正しかったのか、
そして日本的な雇用システムは間違っていたのか。
中込賢次氏は過去の日本的経営を肯定したうえで、修正の必要を訴え、新たな方向性を提唱する。

Photo: Shinya Nishizaki

中込 賢次

株式会社T&Dホールディングス 前会長

■ 新自由主義、欧米的な構造改革は成果を上げたか?

　人口減少社会に突入し、従来からの「日本的経営」の雇用システムや社会保障システムは立ちいかなくなると言われて久しい。日本的雇用システムの否定は、バブル崩壊直後の1995年、日本経営者団体連盟（日経連）が提唱した「新時代の日本的経営」方針から始まっている。

　この方針は、経済構造の変化と、人件費全般の変動費化、コスト削減といった企業経営の大命題への解決策の1つとして、年功序列型賃金を総人件費抑制型の賃金構造に変えることを提唱。労働者を「長期蓄積能力活用型グループ」「高度専門能力活用型

グループ」「雇用柔軟型グループ」の3類型に区分して、それらの組み合わせによる雇用管理を打ち出し、経営環境の変化に対応した雇用ポートフォリオの作成を提議した。

　このとき日経連が示した「流動的な非正規従業員の拡大を図る」という方向性は、1999年の労働者派遣法の改正（派遣法の適用対象業務を原則自由化）、さらに2003年の製造業への適用拡大へと進み、派遣業種の原則自由化への改定など、労働法制全般の規制緩和の動きになっていった。

　これは市場万能主義に基づく新自由主義的「構造改革」であり、米国社会がモデルとなっていた。しかし、企業横断的な職務給制度や、欧米型の同一労働・同一賃金の思想がなく、

非正規従業員に対するセーフティネットの整備も行わずに、派遣業務の完全自由化が導入されたことから、大量の新規学卒者が非正規従業員となる「氷河期世代」を生み出した。

　それなのに、今日に至っても日本経済団体連合会（経団連。2002年に日経連と統合）は当時と同様のことを提言している。

　市場変化のスピードアップとグローバル経済の発展は、日本人の働き方や働く人の意識を大きく変えたのか。欧米的手法を取り入れた新自由主義的、株主資本主義的構造改革は成果を上げたのか。日本の労働市場のコアになっている正社員レベルで「雇用の流動化」は進んでいるのか。

　答えはどれも「否」であろう。「日本

的経営」の雇用システムは、いまなお厳然と残っているのである。

日本的経営を肯定的に捉え次の在り方を考える

「日本的経営」の雇用システムである「終身雇用」「年功序列型賃金」「企業内組合」そして「新卒一括採用」制度は、1950年代後半～1970年代前半にわたる戦後の高度経済成長期において、日本型社会福祉構想とともに、日本の社会構造システムとして確立されたものだ。その雇用システムの底部にある経営思想、経営理念は、江戸時代の「武士道」「商人道」に裏打ちされた「独立自尊」の精神と、「士魂商才」「道徳経済合一主義」の理念である。

明治維新のリーダーたちは「経済」を通じて国民を豊かにし、国の繁栄を図ることで、日本の植民地化を防ぎ、独立国としての近代国家をつくり上げようとした。その思想、理念を継承した戦後の優れた経営者は、事業を営むことを通じて、国民の雇用を安定させ、その生活の向上を図って「国家全体を豊かにする」という高邁な思想を掲げていた。

また、働く人も、会社を1つの運命共同体として捉え、会社の特定の職務を限定して就職するのではなく、企業という「家」の一員になるべく「就社」した。一度、就社した会社で長期にわたって組織の存続と繁栄に努力することは当然で、その努力は家族の生活を守り、国の繁栄につなが

るという思想を持っていた。昨今「エンゲージメントを高める対応」として掲げられている「経営理念や事業目的と社員の働く意義とのマッチング」は、その頃自然とできていたのである。

これらの価値観、思想を制度に表したものが、今や従業員資本主義と揶揄される「日本的経営」のガバナンスであり、時代遅れと批判される「日本的雇用システム」である。

バブル崩壊以降、今日までの30年間、「構造改革」の旗印の下、労働市場の規制緩和が叫ばれ、日本型雇用システムを米国型にそっくり入れ替えていこうとする試みは、正しい道筋だったとは思えない。日本人の手でつくり上げてきた雇用システムを、日本人自らが批判し変革を試みたが、結局

のところ変革できなかった。

その結果、江戸・明治時代からの道徳観、倫理観を失い、人件費抑制の利益追求型「稼ぐ力」重視の「日本的雇用システム」を残した。労働市場は確実に劣化した。日本の労働市場に従来からあった縁辺労働力としての主婦・学生のパート・アルバイトとは異なる「非正規従業員」という社会保障、企業福祉の枠からこぼれ落ちた人々を増加させた。

私は、「日本的経営」の雇用システ

PROFILE

中込 賢次（なかごめ・けんじ）

1976年 横浜市立大学卒業後、太陽生命相互会社（当時）に入社。取締役人事部長などを経て、2003年より常務取締役。2004年より、太陽生命、大同生命、T&Dフィナンシャル生命（旧東京生命）の持株会社であるT&Dホールディングス常務取締役。2011年4月より同社代表取締役社長、2015年4月より代表取締役会長、2017年6月より顧問、2018年7月より太陽生命名誉顧問。著書に『働き方改革は若者の就業を変えるか』『「日本型経営」の雇用システムから日本が見える』（いずれも日本生産性本部 生産性労働情報センター）など。

ムはすばらしいと言いたいわけではない。ただ、30年もの長きにわたって構造改革を迫られながら、今も厳然として残る「日本的経営」の雇用システムを、日本独自の成長システムとして肯定的に捉え直したいだけである。

日本人自らがつくり上げた理念、思想、価値観は、古代の農耕民族であった時代から日本民族が生き残るうえで大切と考えられたからDNAに書き込まれ、今日まで続いてきたものだ。そうした思想、価値観に最適な経営システムを否定するのではなく、一度肯定したうえで、次の在り方のために、システムのどこをどのように修正すればよいかを考える必要があるだろう。

「日本的経営」の雇用システムを見ようとするとき、欧米型の雇用システムが唯一絶対的に正しいものとしてのフィルターを付けて見るのではなく、さまざまな立場・角度から見ていくことが大切である。日本的雇用のメリット・デメリットは、経営者と労働者の立ち位置によって、映る風景は違ってくる。

渋沢栄一も『論語と算盤』の中で「国が違えば何が正しいか、何が歩むべき道なのかという考え方は自然と違ってくる。その社会の組織や風習をよく観察し、その社会に合うような考え方を育てる努力をしなければならない」と100年以上も前に述べている。

日本的経営の
どこにメスを入れるべきか

「日本的経営」の雇用システムが、グローバルの時代に機能しない面がある

ことは確かだし、企業内外に多くのデメリットを与えていることも確かである。「タテ社会」の企業それぞれが独善的に取り組んでいけば、社会に「合成の誤謬*」を引き起こすおそれもある。

それでも、グローバルな資本主義経済において、日本には従来の歴史からなる立派な思想、価値観を体現した経営システムが存在し、理念経営をしていると自信を持って表明したい。そのうえで「日本的経営」のどこの部分に修正を加えれば、システムの強みを活かしつつ課題・問題を解決していけるか問うべきである。経済成長を図るために、高度人材を育成するために、働き方改革を効果あるものにするために、具体的施策に落とし、試行錯誤するべきだろう。

雇用システムは社会保障制度と連動した多くのパーツで構成されている。基幹になるパーツの1つを撤廃したり、大幅に変更するには、ほかのパーツへの影響度合いを事前に調査・測定して、可能な範囲を検討しておくことはシステムの改修、変更では当然のことである。

ここでは、これからの雇用・人事の在り方について3点提言したい。

（1）ジョブ型雇用の活用

高度な人材を採用するためには「ジョブ型雇用」をぜひとも活用すべきである。ただし、経団連が推奨する「ジョブ型雇用」は欧米型の本来の企業横断的な職務給制度ではなく、「個々の企業の実態に応じた職務給」を前提としている。それよりも、2023年1

月の経労委報告にある、「日本型雇用システムのメリットを活かしながら」のただし書きが必要である。

「ジョブ型雇用」で採用した人材は、新卒一括採用とは別ルートで採用・育成を図っていけばいい。従業員の多様性に対応したものとして、「自社型雇用システム」を確立することで、さらに効果的な採用・育成制度がとれる。どの企業にも「ジョブ型雇用」の採用枠があれば、新卒だけではなく、高い専門能力を持つ人材を中途採用できる。そうなれば、減少が問題となっている大学院の博士課程に進む学生が増加してくる可能性もある。

「ジョブ型雇用」を、「日本的経営」の雇用システムを補完する役割に位置づける会社もあれば、「ジョブ型雇用」を主とする巨大な多国籍企業もあるかもしれない。個社それぞれがふさわしい雇用システムをつくり上げていけ

ばいい。ただし、個々の企業の実態に応じた職務給による「ジョブ型雇用」が、日本の労働市場に雇用の流動性を起こすには、さらに時間と実績が必要になることだろう。

(2) 賃金制度の改革

日本では、欧米でいう本来の「職務給」制度は定着しない。ジョブ型雇用と言いながら、ジョブ採用された人の賃金は個々の企業の実態に応じた「職務給」だから、欧米型の産業別組合が企業横断的に、職種、職務に応じて提示する基準賃金とは異なる。とはいえ、政府、経団連、日本労働組合総連合会（連合）も、企業横断的な職種別、職務別の職務分析をしたうえで賃金基準を簡単に作成できるはずはなく、実現には途方もないコストと時間がかかる。

日本では、「職務給」といっても企

業横断的賃金基準ではないから、同一の巨大企業グループ内での活用は可能としても、産業内での汎用性はなく参考レベルにすぎない。転職時にどの程度の「市場価格」がつくかは、転職先の「個々の企業による判断」によることになるだろう。

依然として、日本の大企業の大半は、職能資格給制度による賃金制度を取り入れている。現実には職能給が年功給化したことから、日本の賃金体系は実質的に年功序列型賃金体系と言われるゆえんである。

バブルが崩壊して以降、日本は米国型の「賃金は労働対価である」という考え方をはじめ、職務給制度や成果主義的な要素を多く取り入れてきた。結果として「年功序列型賃金」体系に変わりはないものの、賃金体系の変革は、従業員の入社から定年までの賃金カーブをなだらかにすることで、総人件費の削減を図った。

また、職能給に役割給を加えた賃金体系（成果主義的）を採用する企業が増え、さらには配偶者、子どもに対する扶養手当や生活保障給的手当の削減や廃止が行われた。総人件費は削減され変動費化した。従業員から見れば、長きにわたって「ベアゼロ」が常態化し、昇進・昇格がなければ賃金は上がらない仕組みになってしまったとも捉えられる。

実際に、1997年に467万円だった民間企業の平均給与は、毎年減少を続け、2013年から若干持ち直して2021年には443万円となったが、1997年の水準には戻っていない（**図表**）。日

図表 平均給与及び対前年伸び率の推移

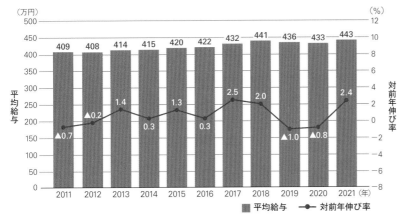

出所：国税庁「令和3年分 民間給与実態調査」

本の賃金水準は低迷が続いているのである。その結果、欧米の先進国との差は広がり、シンガポール、韓国などにも追い抜かれてしまった。さらにこの間、税金と社会保険料負担が上昇して、手取り額の減少はより激しくなった。

私は、今後の雇用の在り方の重要な部分として「構造的に賃金が上がる仕組みづくり」は継続していく必要があると思っている。1990年代後半からの構造改革によって、派遣法完全自由化から非正規従業員が全労働者の4割近くにまで増加し、正規従業員においても職能資格制度の賃金体系は賃上げ抑制型に変更された。個別企業内の労働組合が経営陣と対面する限り、不況時の「労働組合の交渉力の低下」はやむを得ない。

経営側は、人件費は利益処分項目でなく事業費の1つだから、どうしてもコストの1つとして圧縮すべきものという意識が強くなる。コストの高い正社員よりも非正規での採用を、ベースアップはゼロで、となりがちである。

企業内組合が労使交渉をする日本においては、その交渉に政府が入って「政労使会議」のようなものを恒常的に開いて議論することも必要だろう。日本国全体としての労働分配率の動向、OECD内での労働者の年収や労働生産性などにも目を向けたバランスのとれた議論が必要である。経済成長だけでなく、労働市場や労働者の生活全般、社会保障費まで含めた所得政策、経済政策を話し合い、立案していく仕組みが求められる。

> ### 中込賢次が考える「シン・日本的経営」とは
>
> 旧来の「日本的経営」の雇用システムは、日本人のDNAに書き込まれた思想や価値観を反映したものである。米国型の雇用システムをいたずらに持ち込もうとするのではなく、日本独自の成長システムとして肯定的に捉え直し、時代に合わなくなったところに修正を加えて課題・問題を解決していきたい。そのために今取り組むべきことは、日本人に適した「ジョブ型雇用」「賃金制度」「働き方改革」だ。

(3) 働き方改革の推進

政府が最重要法案と位置づけた「働き方改革関連法」は、2018年6月の参院本会議で可決・成立した。残業抑制策等について、大企業では2019年4月施行・導入となった。また、賃上げについても厚生労働省の中央最低賃金審議会は、最低賃金について年率3%程度を目途として全国加重平均で時給1000円になることを目指すとした。

私は「働き方改革」の本質は、企業による雇用の増大と賃上げにあり、次世代を担う若年層の就業環境を整え、不安のない将来を描けるような国づくりであると思っている。「日本型経営」の雇用システムの至らない部分を労働基準法等の法改正によって修正しつつ、日本の社会構造、雇用慣行を有効に機能させることで、日本の問題・課題を解決していく必要があるだろう。「働き方改革」は、日本の現況において重要な改革である。

「貧困問題」「格差問題」「氷河期世代」をつくり出し、その結果として生み出した非正規従業員2000万人は、もう元には戻らない。「働き方改革」で提言されるように、最低賃金をさらにアップさせ、雇用形態による不合理な待遇差を禁止していくことで、改善を図っていくしかない。

長時間労働の抑制、柔軟な働き方の実現等、日本の雇用問題の解決に向けて、推進しなければならないことは多い。「国難」と呼ばれる、少子高齢化が引き起こす労働人口の減少の中で、日本の経済成長をどう図っていくか。また高齢化が引き起こす社会保障制度の問題をどう克服し、制度を持続させるか。雇用者全体の4割近くにもなる低賃金の非正規雇用が生み出す問題をいかにして極小化していくか。

「日本的経営の雇用システムは機能しない」といたずらに言うのではなく、日本の現状と課題を真剣に考え、政労使一丸となって「働き方改革」に継続的に取り組む必要がある。❗

＊ 個々のレベルでは正しい対応をしても、経済全体で見ると悪い結果をもたらしてしまうことを表す。経済学用語。

Chapter

6

シン・日本的経営の実現に向けた人材育成

企業が生み出す価値の源泉は「人」にある。日本企業だけでなく、世界的に企業が今改めて「人的資本」の重要性に気づき、その強化は最重要課題となっている。

企業が世界から求められる存在となるためには、人々の幸福や社会とのつながりを考え、その中で企業としての発展を考えなければならないだろう。企業を支える人材の育成も、しっかりとした理念が必要だ。

最終章では、企業人の育成について、現状と未来に向けて課題を展望するとともに、人材の育成と活用面からシン・日本的経営の在り方を提示したい。

日本の政策から見える人材育成ビジョンの要点

ダイバーシティーと失敗経験を活かす人材育成こそ求められる

2050年に日本の生産年齢人口は推計5300万人と、2020年の3分の2にまで減少する。
日本の社会と経済の未来を支える「人」の育成は、待ったなしの重要課題だ。
岸田文雄首相がリードする「新しい資本主義実現会議」、そして、経済産業省の「未来人材会議」は、
雇用・労働の大きな変化の背景を踏まえ、これからの人材育成の在り方を産官学の協働で提示する。
これらのポイントを、両会議のメンバーである柳川範之東京大学教授が説く。

Photo:Shinya Nishizaki　Text:Toshio Kato

柳川 範之

東京大学 大学院経済学研究科・経済学部 教授

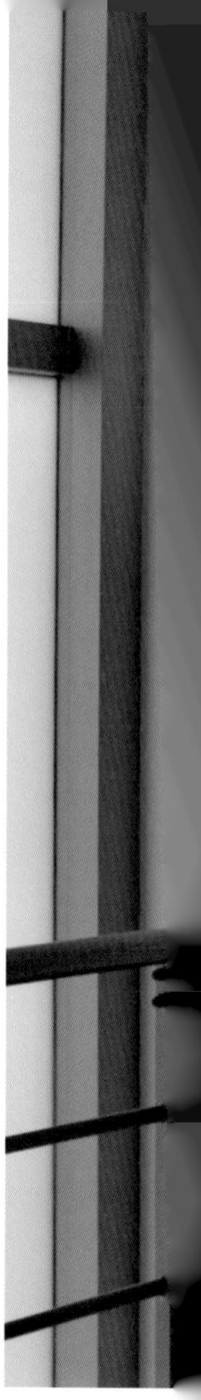

■ 三位一体の労働市場改革の指針が示すもの

——柳川先生は政府の「新しい資本主義実現会議」や経済産業省「未来人材会議」に参加し、「未来人材会議」では座長も務められました。

ほかの参加者の皆さんも考える方向性は大きく違わず、世の中を変えたい、よい人材を輩出したいという強い思いをお持ちで、意義のある会議になりました。2つの会議はともに報告書がまとめられて、ひと区切りついています。「新しい資本主義実現会議」は、その後も引き続き会議が開かれていきますが、政府の骨太方針に合わせて2023年6月には改訂版の報告書を出したところです。

——以前から日本人の働き方改革を提唱されていますが、現在の日本の雇用システムについてどう感じていますか。

旧来の日本型の雇用システムはいわゆる終身雇用で、1つの会社で定年まで働くのが当たり前でした。しかしAIやデジタル化で技術革新が急速に進展し、会社を巡る環境が大きく変わる中で、長期間、安定的に同じような働き方を続けられる時代ではなくなりました。これまでの発想と構造を大きく変えなければならない。一方、人生100年時代と言われ、働く期間は延びてはいます。長期雇用は、ある程度維持していく必要はあると思いますが、生涯同じ会社という働き方が難しくなっており、新しい能力やスキルを身に付けることで、適材適所に移動できる雇用システムにするべきだと考えています。

もう1つは、環境の変化に合わせて能力が開発されることです。最近で言うと、ESGやサステナビリティーの視点から社会と経済活動のつながりを捉え直す必要があり、技術革新による環境変化と合わせて産業社会が求める能力も変わってきます。そのことに注目する必要があります。

——「新しい資本主義実現会議」が2023年6月に出した実行計画では、「リスキリング」「労働移動の円滑化」「職務給の導入」からなる三位一体の労働市場改革の指針が打ち出されました。その背景を教えてください。

まず、「リスキリング」（新しいスキルの学び直し）ですが、雇用システムの改革についての議論を進めていくのであれば、個々人は新しい働き方に合わせた能力を身に付ける必要があります。世の中がリスキリングの重要性に関心を持つようになり、政府やマスコミでも取り上げられるようになりました。このことは非常に大きな変化だったと思います。

リスキリングとは、社会人が学校に通い直すことだと思う人もいれば、技術革新に適応できるようにプログラムやAIを勉強することだと思う人もいるでしょう。しかし本来、学び直しはよりバラエティーに富んだものです。今までやってきた仕事をもう一度頭の中で整理したり、しっかり見つめ直した

り、兼業・副業を通じて新たなノウハウを得ることも重要な学び直しです。あるいは、今までの発想を1から考え直して、ついてしまった思考の癖をリセットすることにも非常に意味があります。このように、学び直しは人によって方法もポイントも違ってきます。今後この点をもっときめ細かく議論することが求められます。

「労働移動の円滑化」は、同じ会社で働き続けることを基本とする旧来型の雇用システムから、ほかの会社に転職するなど、どこでどう働くかを本人が選択できるように変えていくことが大きなポイントでした。もちろん、無理やり会社を移らせるということではなく、新しい能力やスキルが備わったのであればそれをより活かせる環境にシフトでき

るようにすることが大きな目標です。

これも極論として、いっそのこと解雇規制を緩和して、会社が簡単に解雇できるようにすればいいと言われたりもします。しかし、今の職場でうまく働けないからといって急に「明日から来なくていい」となっても、その人たちはなかなか再就職先を見つけられないことでしょう。結果、スムーズな労働移動どころか、解雇されないよう会社に必死にしがみつく恐れもあります。そうした事態を防ぐには、たとえば、適切なマッチングができる労働市場環境を構築して、自ら移りたいときに移れるような仕組みをつくっていくこと。結局、ある程度の能力開発が進まないと、行きたいところには行けない。そのためにもリスキリングを

しっかり実践していくべきです。

また、「職務給の導入」においても、その会社のポストに就くにはどういう業務ができる必要があるかがわからないと、それに向かってどんな能力開発をしたらいいのかが把握できません。つまり、職務の内容を明確にしておくことが前提となります。移ろうとしているポストがその人にとって適所なのか、その職場では何をするのかが見えていないと、移るほうも雇うほうも戸惑うだけです。まずは職務をしっかりと定め、その職務における働きに応じて給料が決まるのが理想となります。ただし、これは一朝一夕にできることではないので、「各企業の実態に合わせた」という言葉を付け加えています。

——企業ごとに自社が望む人材像を明確にしておく必要があるということですね。

どんな人を雇いたいのかというイメージを明確に持つことは、現在の日本の労働市場での人材採用のみならず、M&Aや海外に求人を出す場合にも重要です。昔のメンバーシップ型雇用では、とにかく会社に命じられた場所で命じられた仕事だけをやっておけばいいと納得できた部分がありました。しかし今は、社員の将来のキャリア開発までちゃんと考えてくれている会社にこそ、よい人材が集まります。どんな能力を持つ人が自社に必要なのかをジョブ・ディスクリプションに100%記述することは難しいとしても、もう少し明確にしていかないと、人事異動も難しくなると思います。

それに加えて、個々の企業の中でも、人を人的資産として認識し、そこへの投資の重要性を考えることが必要です。目指すべきは、社員一人ひとりの物心両面が豊かになること、最近の言葉でいえば、高いウェルビーイングを実現することです。

そのためにも、「企業」を中心に考えるのではなく、「個人」を主語として、かつ、社会全体の視点から、さまざまな場で活躍できる人的資本を形成するための投資が求められてきます（**図表1**）。

好きなことに夢中になる 好奇心を駆動力にする

——「未来人材会議」で示された各種の国際比較データを見ると、日本の労働者はエンゲージメントや、やる気、幸せ度が諸外国に比べて極めて低い結果になっています。これは雇用のあり方の違いも大きかったのでしょうか。

現在がちょうど過渡期ということもあると思います。かつての日本は終身雇用が守られ、会社に従ってさえいれ

PROFILE

柳川 範之（やながわ・のりゆき）

東京大学大学院経済学研究科・経済学部教授。中学卒業後、父親の海外転勤にともないブラジルへ。高校に行かずに独学生活を送る。大検を受け慶應義塾大学経済学部通信教育課程へ入学。卒業後、東京大学大学院経済学研究科博士課程修了。経済学博士（東京大学）。主な著書に『法と企業行動の経済分析』（日本経済新聞出版社）『40歳からの会社に頼らない働き方』（ちくま新書）『Unlearn 人生100年時代の新しい「学び」』（共著、日経BP）『東大教授が教える独学勉強法』（草思社文庫）など多数。

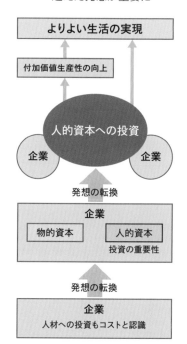

図表1　人的資本：企業の枠を超えた発想が重要に

よりよい生活の実現

付加価値生産性の向上

人的資本への投資

企業　　企業

発想の転換

企業
物的資本　人的資本
投資の重要性

発想の転換

企業
人材への投資もコストと認識

ば老後まで面倒を見てくれるという考えが通用していた時期がありました。ところが経済環境が厳しくなり、管理職のポストも減り、この会社にいて自分の将来があるのだろうかと何となく不安を持つ人が増えてきた。

ただし、その不安に対して具体的にどう行動すればいいかとなると、そう簡単に会社を移れるわけでもなく、移ったときに求められる能力にも自信がないなど、転職のルートが見えていない人が多かったのです。

その結果、必ずしもずっといたいわけではないけど具体的な転職アクションはしない、というあいまいな傾向があった。大きな転換期ではあっても、今後社会がどう変わり、自分がそこで何ができるのかを見通せない人が多かったと感じています。

──「未来人材会議」でまとめられた「未来人材ビジョン」では、「好きなことに夢中になれる教育」への転換が挙げられていました。改めてその意義を教えていただけますか。

主に学校教育の話になりますが、「好きなことに夢中になれる」ことが大切な理由は、大きく2つあります。1つは個人が自律的に働く場所を選んだり、自分で能力開発しようとすると、本人にどのくらいやる気があるかが重要になってくるからです。命じられたことだけをひたすら覚える人材ではなく、好奇心をドライビングフォースにして仕事や働く場所を選べる個人となって、自ら育つことが重要です。

もう1つは、知識詰め込み型の学習

図表2 能力に対する需要 2015年と2050年比較

現在は「注意深さ・ミスがないこと」、「責任感・まじめさ」が重視されるが、
将来は「問題発見力」、「的確な予測」、「革新性」が一層求められる。

2015年		2050年	
注意深さ・ミスがないこと	1.14	問題発見力	1.52
責任感・まじめさ	1.13	的確な予測	1.25
信頼感・誠実さ	1.12	革新性※	1.19
基本機能(読み、書き、計算、等)	1.11	的確な決定	1.12
スピード	1.10	情報収集	1.11
柔軟性	1.10	客観視	1.11
社会常識・マナー	1.10	コンピュータスキル	1.09
粘り強さ	1.09	言語スキル:口頭	1.08
基盤スキル※	1.09	科学・技術	1.07
意欲積極性	1.09	柔軟性	1.07
⋮		⋮	

※基盤スキル:広くさまざまなことを、正確に、早くできるスキル

※革新性:新たなモノ、サービス、方法等をつくり出す能力

注:各職種で求められるスキル・能力の需要度を表す係数は、56項目の平均が1.0、標準偏差が0.1になるように調整している。
出所:経済産業省大臣官房 未来人材室「未来人材ビジョン」(2022年5月)

の意義が減っていく一方、独自性や創造性の価値が高まっているからです。どこかにすでに回答があるようなものは、人間が頭の中で覚えておかなくても、生成AIなどが自動的にすぐに答えを出してくれる時代になりました。

独自性や創造性を伸ばすには、好きなことを夢中になってやるという経験が役立ちます。実はこれは、「未来人材会議」の中で企業経営者の方々から出てきた意見です。この点は今の企業が要求する一般的な人材イメージとは違ってきつつあるかもしれません。また、企業が教育機関である大学に求めるものも昔に比べると変化しています。自分でしっかりと物事を考えられるような人材を育ててほしいと

いう要望が増えており、これは好きなことに夢中になれることの延長線上にあると思います（**図表2**）。

──自分の好きなことをやる社員というのは、これまでの会社組織では敬遠されることもありました。経営者の意識にどんな変化があったのでしょうか。

たとえば、イノベーションを起こせる人材が必要だ、常に新しいアイデアを考えられる組織になれ、新規ビジネスの可能性を探れ、というメッセージ自体はどの企業も社員に投げかけているはずです。現状のままでは未来が見えないので、新しい方向性や新しい案件の可能性を探ろうとしているの

でしょう。それを担う人材がほしいという気持ちはよくわかります。

一方で、ただ新しいことに挑戦するだけでは会社は利益を上げることはできませんから、与えられた業務をきっちりとこなしていく働き方を両立できなければ意味がありません。日常の仕事をしっかりこなしつつ、今より新しい方向性も探れるような人材とはどんな人かというと、好奇心を失わない人だと思います。

もう1つは、生成AIもそうですが、ルーチンワークのような業務は今後ロボットに置き換えられどんどん減っていくでしょう（**図表3**）。その分、人はイノベーションに向き合わないといけなくなる。それは新規事業開発部など専門部署で働く人に限らず、日頃は通常業務を行っている人であっても、何か新しい工夫を思いつくような人材が増えていけば組織は変わり

ます。会社の業務内容にもよるでしょうが、日常業務とのバランスを取りつつ、できる範囲で新しい工夫を推進することです。

ダイバーシティーの意義は 異質な者同士の「化学反応」

――これからはグローバルを強く意識して反転攻勢をかけなければ日本

> ### 柳川範之が考える「シン・日本的経営」とは
>
> これまでの日本的経営は長期的な関係、継続的な関係を重視するあまり、固定的、硬直的な経営になっていた。今後は人もモノもいろいろな組み替えをする柔軟性が求められる。適材適所を追求し、企業間、職種間での人の移動を活発化し、ダイバーシティーを重視するとともに、既存の企業がスタートアップと組んで新しい世界を切り開いていく。それがこれからの日本的経営のスタイルになる。

の経済そのものが伸びません。企業は今後、どのような人材育成を行えばよいでしょうか。

広い意味での人材育成でいうと、それぞれのレベルで新しい知恵を発揮できる人を育てることです。そのためには、社員を集めて行う研修も大事ですが、日々の会議や業務において自由度の高い発言を許容すること。年齢、性別関係なく、異質な人にもどんどん入ってもらい、ダイバーシティーを実現することもとても大事です。少なくとも、いつもと同じようなメンバーで会議室に何時間こもったところで、新しいアイデアは生まれません。

しかしながら、多くの会社はまだダイバーシティーを社会貢献のように捉えています。いろいろな人種、年齢、環境の人が集まってこそ得られる気づきにはビジネスとしての価値があり、異質者同士が合わさって化学反応が起こることで、大きな知恵の創出につながっていく。そうした場をどれだけ生み出せるかが大事です。

また、今は間違えないことばかりに目がいって、失敗が許容されない風潮

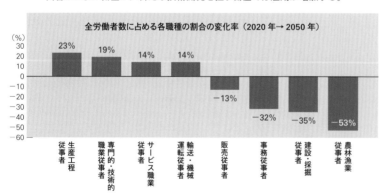

| 図表3 | 主な職種ごとの必要となる労働者数の変化 |

AIやロボットで代替しやすい職種では雇用が減少するが、
代替しづらい職種や、新たな技術開発を担う職種では雇用が増加する。

全労働者数に占める各職種の割合の変化率（2020年→2050年）

23%　19%　14%　14%　−13%　−32%　−35%　−53%

生産工程従事者／専門的・技術的職業従事者／サービス職業従事者／輸送・機械運転従事者／販売従事者／事務従事者／建設・採掘従事者／農林漁業従事者

注：労働需要の増減と、各産業・職種の付加価値の増減は連動しない点に留意。
出所：経済産業省大臣官房 未来人材室「未来人材ビジョン」（2022年5月）

があります。世界に通用する人材を育てるには、ある程度は失敗を経験しながら、それを活かして改良していけるような組織にしなければいけません。

——海外や子会社などで経営全体に携わり、失敗も経験することが人を伸ばすとおっしゃっています。

この話の中には2つのメッセージがあります。1つは、あらかじめ失敗を経験していないと、いざ失敗が起きたときに対処できないということです。失敗を含めて多様な経験を積むことでこそ、多様な環境において適切な意思決定ができます。

もう1つは、経営能力も重要な専門的能力であり、トレーニングをしなければならないということです。これはMBAや経営者研修だけで身に付くものではなく、実際に経営のかじ取りをする必要があります。子会社への出向など、小さな会社であっても経営を経験することによって、専門的能力が培われていくのです。

これまで日本では、企業経営の経験を積んでもらったうえで本社の経営陣に加える、といった育て方をあまり考えていなかったように思います。どちらかというと、現場でよいパフォーマンスさえ上げれば、マネジメント担当に昇進するケースが多かった。いわば、優秀な選手はよい監督になれるという発想に近い人事が行われてきました。さすがに最近はそういう企業は減っていると思いますが、少なくともかつてはそうした発想でした。しかし、経営には経営の専門的なスキルが必要で

す。それを会社としてどうやって候補者に身に付けてもらうかを考えなければいけない時代になっています。

■ 高い視座で戦略の絵を描ける 経営者の能力

——これからの経営者に求められるスキルには、どのようなものがあるでしょうか。

経営者にどんな能力があればマネジメントができるのか。その能力も、中間管理職である課長や部長と会社のトップマネジメントとでは大きく異なるでしょう。ここはそれぞれの企業で考えていただくしかありません。

あえて一般論を言うと、トップマネジメントに要求されるものは、全体の戦略の絵を描けるかどうかです。部門長であれば、それぞれの部門のことだけを考えればいいのですが、部門長がトップマネジメントに昇格する場合にはさらに別の能力が求められます。それは自部門だけでなく全社的な目線であり、さらに全産業的な目線で、今の世の中がどういう方向に動いていて、その中で自社がどんな位置づけになっているのか、そしてこれから何をやればいいのか。今自分が担当している仕事よりも高い視座で戦略を立てられることです。

——柳川先生は10代のときにシンガポールとブラジルで過ごした経験から経済学に興味を持つようになったと聞きました。今の日本の経済環境で求められる人材教育や経営はどう

いったことでしょうか。

日本経済はすごく特殊で、30年間、停滞とデフレが続いてきました。課題はたくさんあると思いますが、ホームレスが街にあふれているわけでもなく、治安がよく安心して暮らせる。みんな多少の不満は持ちつつも、ある程度の満足感を得て比較的安定している状況です。

しかし、この安定はいつまでも持続するものではありません。今の状況を、何とかして動かしていく必要があります。もちろん、高度な経済成長を実現する必要はないし、実際それは難しいと思うのですが、もう少しみんながアクティブに動ける社会、いろいろな人がいろいろチャレンジできる社会、国内で閉じるのではなく、グローバルに活動する人が増えていく社会になっていかないと、日本経済の将来はないでしょう。

そのことは政府も気づき始めていて、ベンチャー企業やスタートアップを増やす政策が出ています。失敗することがあっても、たくさんのチャレンジをして、もしかするとその中の1つがものすごく伸びるかもしれない、という期待が持てる社会になってほしい。そうした社会になってはじめて、より多くの人がチャレンジをするようになります。「新しい資本主義実現会議」の有識者メンバーには若い女性のスタートアップ創業者が2人参加していました。今までの日本政府の有識者メンバーの顔ぶれにはなかったことです。そこには政府としても、ダイバーシティーとスタートアップが重要だというメッセージを込めていたと思います。●

キッコーマンが取り組む「人財育成」と経営の未来創造

ミドルマネジメントの強化は 人事最大の課題

「しょうゆをグローバルスタンダードの調味料にする」ことを目指し、成長し続けるキッコーマン。
グローバルなプロフェッショナルとして活躍できる人財の創出を目指し、
若手からトップ層まで手厚い育成体系を敷く。そして、成長のカギとなるのは「企業の組織力」を担う
ミドルマネジメントと、次世代経営者層の育成である。
同社の人財戦略の姿を通して、人材マネジメントの今と未来を考察してみたい。

Photo: Yojiro Terasawa   Text: Hiroshi Sakata

松﨑 毅

キッコーマン株式会社 常務執行役員CHO

■ 社内で複数の職場を経験し「プロ人財」を育成する

キッコーマンではヒューマン・リソース（HR）を表す言葉として「人財」という字を当てています。「人材」は人を「もととなるもの」「素材」とみなす見方で、「人財」という言葉は、人を「財産」とみなす解釈です。

人事・賃金制度研究の大家である方のセミナーで、"「財」は使えばなくなってしまうが、「材」は残るものだから、人財より人材"だと主張されているのをうかがったこともあります。20年ほど前に「人財」の文字を使う企業が増え始めた頃は、私もその風潮を疑問に思い、「人材」を使うという考え方に賛同していました。

しかし、後ほど説明する選抜研修の「未来創造塾」を始めるときに、当時の堀切功章キッコーマン食品社長（現・キッコーマン代表取締役会長）と議論し、やはり人は大事な財産であるという思いに至り、当社も「人財」に変えています。

では、当社が考える人財像とは、どのようなものか。

日本企業では、ジョブ・ローテーションによってゼネラリストを育成する傾向がありました。その後、専門能力を持ったスペシャリストの重要性が高まり、当社も育成に力を入れましたが、単なるスペシャリストでは組織力の向上に寄与しないことに気づき始めました。スペシャリストの専門能力に加えて、周囲に影響を与えて巻き込んでいく、周囲の人たちと協業する能力がなければ組織力を向上させることができないことがわかったのです。

そこで当社では、次の3つの要件を満たす人材を「プロ人財」と定義し、求める人材像としました。

1つ目の要件が「仕事における高度な能力を持っていること」。2つ目が「能力を発揮して自律的に行動し、成果に結びつけることができる」。3つ目が「社内外のニーズを満たし、市場に価値を与えることができる」です。

何か特別な研究をたった一人で行うといったスペシャリストも企業には必要ですが、それはごく少数であり、多

くの人たちはチームで仕事を行い、チームとして成果を出すことが求められます。専門能力を持ち、その能力をチームのために発揮して成果を出すのがプロ人財です。そして、そのようなプロ人財を育てるための教育・研修体系をつくり上げています。（**図表1**）。

その中で、若手を育成するプログラムが「CDP（Career Development Program）制度」です。当初は、入社後、3年、3年、3年の9年間で3つの職場を経験するジョブ・ローテーションを組みましたが、3年間では短いという声があり、現在は4年、4年の8年間で2つの職場を経験するかたちに変わっています。

8年間で2つの職場において、さまざまな仕事を経験することで視野が広がり、自分の適性も見えてきます。プロ人財として、どの分野を自分の専門とするのか、これからどのような仕事をしたいのかなどをしっかりと考えることができるのです。

一方、会社としてもその人の適性がどこにあるのかを見極めることができ、仕事に対する要望について認めたり、話し合ったりすることができます。

ただ、今の若い人たちの中には、この8年間を待てない人たちが増えています。3年で行きたい部署に配属されないと辞めてしまうケースもあります。

当社の離職率は低く、いわゆる総合職は8年目まで見ると3％前後でしたが、昨今、それが少しずつ上昇し、5％を超えてきています。多様な価値観に合わせて制度を柔軟に変えていくことは大切なことですので、現在、CDP制度の見直しを行っていますが、「入社後に一定期間、複数の職場を経験してもらう」という基本を変えるつもりはありません。

なぜなら、プロ人財の土台を形成する必要不可欠な経験だと考えるからです。若い人たちには、次のような話をするようにしています。

「現在持っている得意技は、これからもしっかり磨きなさい。ただ、いろいろな仕事を実際に見て、自分でもいくつかの仕事を経験すると、自分の適性が実は違うところにあると気づくかもしれない。やりたい仕事が変わる

図表1　教育・研修体系図

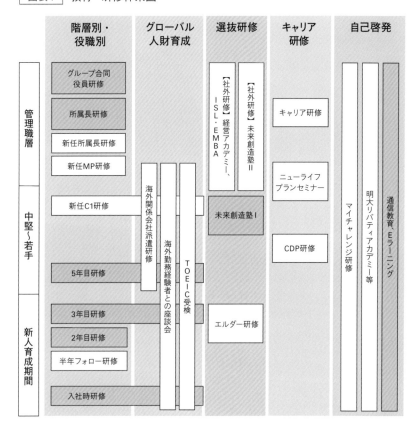

階層別・役職別	グローバル人財育成	選抜研修	キャリア研修	自己啓発
管理職層 グループ合同役員研修 所属長研修 新任所属長研修 新任MP研修		【社外研修】経営アカデミー、ISL・EMBA　／　【社外研修】未来創造塾II	キャリア研修	
中堅〜若手 新任C1研修 5年目研修	海外関係会社派遣研修　／　海外勤務経験者との座談会　／　TOEIC受検	未来創造塾I	ニューライフプランセミナー CDP研修	マイチャレンジ研修　／　明大リバティアカデミー等　／　通信教育、Eラーニング
新人育成期間 3年目研修 2年目研修 半年フォロー研修 入社時研修		エルダー研修		

かもしれない。だから最初から1つにこだわりすぎないほうがいい」

かく言う私自身、約40年間のキャリアのうち、実に30年近く、人事関連の仕事をやってきましたが、入社時の希望は営業でした。営業の仕事は面白く、人事に異動してからも営業への転属希望を自己申告し、一度は営業部門に戻ったこともありましたが、また人事に戻りました。私の適性は人事にあったということでしょう。

自分のキャリアであっても、自分が考えた通りにいくとは限りません。実際に仕事をやってみないと、自分の本当の適性はわからないものです。CDP制度によって一定期間、複数の職場を経験し、その経験を踏まえて個人と会社が話し合い、プロ人財としての将来のキャリアを決めていくようにしています。

国内での成果が海外へ行く必須要件

以前に比べると、入社時点で自分のやりたい仕事がハッキリしている人が増えています。なかでも、海外勤務を希望する人が多くなりました。

新入社員にいきなり海外勤務を命じる企業もありますが、私たちはCDP制度で国内での仕事を経験し、多くの商品やビジネスの仕組みをしっかりと理解してから海外に行ってもらいます。

もちろん、海外での仕事のやり方は、日本でのやり方とは違います。それでも国内での仕事を経験してから行ってもらうのは、国内の仕事で一定の成果を出し、そこで芽生えた自信をもって海外に行ったほうが、個人にとっても、会社にとってもよい結果に結びつきやすいと考えるからです。

日本できちんと職務を遂行できない人が、海外に行って仕事ができるかといえば、難しいでしょう。ですから、国内の仕事で一定の成果を出した人の中から、海外に行ってもらう人を選んでいます。

海外に行ってもらう人を選ぶポイントが、もう1つあります。それが異文化への適応能力があるかどうか。これは本人だけでなく、家族も含めて勘案しています。

入社時に海外勤務を希望していた人でも、国内での仕事を経験し、プライベートにおいてライフステージが進んでいくと、希望が変わることも多々あります。海外に行きたい人が少ないのも会社としては問題なので、海外勤務を希望する人たちのために、海外で実際に働いている人たちと直接話をすることができるオンライン座談会を開催しています。「何を勉強してお

けばいいですか」などの質問に対して、具体的かつ率直に答えてもらえるのが好評で、参加者の海外に行きたいというモチベーションが大きく上がりました。

私たちは、海外で働く人たちだけがグローバル人財であればよいとは考えていません。国内で働く人たちも、会計などは国際基準に合わせた仕事をすることが求められますし、国内で外国人とビジネスをする機会も増えています。したがって、全社員が国際感覚を身に付けたグローバル人財となれるよう育成を行っています。

企業の命運を握るのは
ミドルマネジメント

これからの時代、企業の優劣を決めるのは、ミドルマネジメント（中間管理職）といえるでしょう。

過去の一時期、「組織のフラット化」の必要性が声高に叫ばれました。一般的なピラミッド型の組織であれば、階層が多ければ多いほど、経営トップが決めた方針が現場の社員に伝わるまでに時間がかかります。同様に、現場の意見が経営層に届くのにも時間がかかる。経営の意思決定においてスピードの重要性が高まる中で、「ミドルを減らせ」「ミドルはいらない」とまで叫ばれました。

しかしその後、専門分化が進み、組織が複雑化するにつれてミドルの重要性がじわじわと再認識されるようになりました。

経営においてスピードが重要なこと

は変わりません。だからこそ、会社はどこを目指しているのか、社員に何を期待しているのか、経営トップのメッセージを正確に素早く伝えるミドルの役割が大事になります。経営トップに対してフォロワーシップを発揮し、同時に、部下に対しては職場のミッション実現に向けてリーダーシップを発揮することが求められています。

こうした観点から、ミドルこそが組織力を左右するカギを握っていると認識する企業が増えているのではないでしょうか。

ミドルマネジメントの役割は、大きく3つあります。1つ目が「組織運営」、2つ目が「人材育成」、3つ目が「ミッション達成」です。これら3つの役割はどれも重要であり、かつ難易度が高いものです。

組織を運営しながら、業績を上げつつ、部下を育成する。言うは易く行うは難しで、ミドル自身も3つの役割を全うしたいと思っていますが、その具体的なやり方がわかっていません。3つそれぞれのスキルアップの必要性を感じていながら、ミドルにはそのための時間が与えられていません。

現在のミドルは、いわゆる「プレイングマネジャー」であるため、自分個人の仕事を遂行しながら、マネジャー（管理者）の役割も担わなければなりません。ひと昔前までのように、マネジメントだけやっていればいいわけではないのです。

さらに、部下との関係性においては、パワーハラスメントやモラルハラスメント、セクシャルハラスメントなどに

も細心の注意を払う必要があります。

その結果、ミドルが大いに疲弊しているというのが多くの企業の現状ではないでしょうか。

企業が専門性を強化すれば、組織は細分化されます。人的資源には限りがありますので、一人のミドルに任せる範囲がどうしても広くなりがちなのです。

経営層からの期待が高い一方、現場からのいろいろな突き上げもあります。両者に挟まれて、体力的にも、精神的にも疲弊しているミドルが多い。こうした現状では、能力のあるミドルであっても、日々の業務に忙殺され、個人的にその能力をブラッシュアップすることができていません。

だとするならば、疲弊するミドルをバックアップし、そのスキル向上をはかる機会をつくることが、人事の役目なのだと思います。ミドルの活性化、強化は、HRにとって最大の課題だと認識しています。

所属長と役員を養成する
「未来創造塾」

ミドルから経営に上がる層の厚みをつくるため、当社では、「未来創造塾」と銘打った選抜研修を行っています。当社グループの次の経営を担う人財を育成することを目的として、ステージⅠとステージⅡの2段階で構成しています（**図表2**）。

選抜研修を行う前までは、横並びの研修を該当者全員が受けていました。差をつけないことによって、みん

なのモチベーションを上げていくという手法がとられていたのです。

このため、新たに選抜研修を行うに当たって、選ばれなかった多くの人たちのモチベーションが下がってしまうことが懸念されました。情報をオープンにすることに躊躇する旧来の日本企業の悪弊が出たと言ってもいいかもしれません。

経営層ですら選抜研修を行っていることをよく知らず、選抜された人も、自分が優秀だから選抜されたとは思っていませんでした。これでは選抜研修を行う意義がありません。

そこで、選抜研修を行うことを社内に告知し、選抜者名はもとより、研修の目的や内容など、オープンにしました。経営層にしっかりと関与してもらうことも重要なため、ステージⅠの塾長には社長に就いてもらい、ステージⅡの塾長には茂木友三郎名誉会長に就任してもらいました。

研修の目的も明確にし、ステージⅠは「キッコーマンの所属長をつくる」、

| 図表2 | 経営人財の育成（中堅～管理職層） |

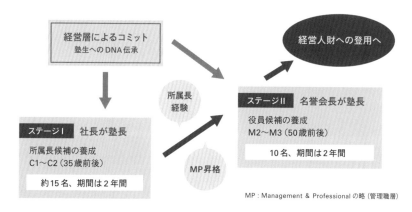

「未来創造塾」（選抜研修）

キッコーマングループの次の経営を担う人財を育成する、選抜型研修プログラム
「ステージⅠ」と「ステージⅡ」の2段階で構成されている

MP：Management & Professional の略（管理職層）

ステージⅡは「キッコーマンの役員をつくる」ことと定めました。

このステージⅠがミドルマネジメント研修となっており、所属長候補を養成するために、選抜された35歳前後の社員約15名が2年間受講します。ミ

PROFILE

松﨑 毅（まつざき・つよし）

1981年4月キッコーマン株式会社入社。同年6月大阪支店販売課に初任配属。84年2月京都営業所に異動。通算10年間営業に従事。91年3月人事部に異動し採用・人事企画を担当した後、97年9月営業企画部宣伝課へ。その後2000年6月人事部に復帰し、勤労給与グループ長、人事教育グループ長を経て、08年6月より人事部長就任。13年執行役員、17年常務執行役員CHO。

ドルマネジメントの重要性はもちろん、仕事に密接したリーダー像について学んでもらいます。社長自身、人に対する思い入れが強くあり、仕事と人に焦点を絞ったメッセージが多く語られています。

一方、ステージⅡは役員候補を養成するために、選抜された50歳前後の社員10名が2年間受講します。

茂木名誉会長からは、経営者に関する言及が多く、役員の役割や品格、先見性などについても語られています。加えて、キッコーマンのDNAを受講者に注入してもらっていることは言うまでもありません。

ステージⅠ、Ⅱとも、最初は人事が人選を行い、受講者を指名していましたが、現在は職場推薦と人事推薦の両方で人選を行うかたちに変わっ

ています。人財要件を満たした人を職場から推薦できるようにしたのは、職場にも「この人を育てたい」「この人を所属長にしたい」といった強い思いがあったためです。

新たな能力を獲得し とにかく「自分を変える」こと

ステージ I の受講生は、研修を受講することで自分に足りないものが、さまざまに見えてきます。新たな気づきを得ることも多いようで、その後、自分で外部に学びに行く人も少なくありません。

研修では、2階層上の部長職になったら何をやりたいかを考えて発表してもらいます。以前は、発表した内容がよくても、職場に戻って実行しようとすると上司がそれに反対するなど壁になることがありました。

研修のためだけの提案では意味がないので、直接の上司にメンターになってもらうように変更。2人でよく話し合って、実際に職場で実行できる提案内容になるように要望しています。中間報告会や最終報告会にも、上司に同席をしてもらうことで進行しています。

ステージ II の最大のテーマは変革です。受講者は過去に何らかの大きな成果を出したから選ばれているわけですが、その成功体験に縛られていては、変革はできません。未来創造塾の2年間で、自分自身がまず変わることを求めます。

この研修の最初に、私は次のような話をします。

「この2年間でとにかく自分を変えてください。自分に足りないものを見つけ、新たな能力を獲得して伸ばしてください。2年後に『自分は変わった』と報告できるように、この研修に取り組んでください」

しかし、10人中2人は「変わりたくない」「変わる必要はない」などと考えており、そうした人は2年経っても何ら変わりません。その一方で、8人は明らかに変わり、役員への道を歩み始めます。

現在、どちらも第6期を迎えていますが、非常に手応えを感じています。ステージ I を修了した人に対しては、経営に関わるプロジェクトに参画してもらったり、ステージ II の修了者には、キッコーマンの役員やグループ会社の役員に就いてもらうなど、その後も優秀人財層としての役割を担ってもらっているところです。

ステージ I と II には15歳前後の年齢差がありますが、6期12年続けたことで、ようやくステージ I の修了者がステージ II の候補者に入ってくるようになりました。これからの課題は、ステージ I から II へといかにうまくジョイントしていくかです。それができたとき、未来創造塾はさらに充実した研修になっていくと期待しています。❶

松﨑毅が考える「シン・日本的経営」とは

日本的経営の「三種の神器」といわれた「終身雇用」「年功序列」「企業内労働組合」はどれも縮小し、廃れつつある。しかし、日本的経営の良さは現在においても評価できる。たとえば、終身ではなくても長期雇用には安心感があり、十分な育成ができる。ロイヤルティーを上げて一体感をもたせるのにも非常に有効だ。企業内労働組合も労使が進むべきベクトルは共有しながら、経営とは違った情報や意見を発信する「経営のチェック機能」として存在しており、その意義は今でもある。

一方で、外部環境は大きく様変わりしている。グローバル競争となり、労働環境も大きく変わった。人材の流動化が一段と進み、個人の価値観やキャリアの考え方も大きく変化した。現代は「動いている時代」だ。

しかし、戦後の復興期から高度経済成長期も、同じく動いている時代だった。日本企業はその動きに合わせて急成長し、それがバブル経済の崩壊以後、守りに入って「失われた30年」となっている。変化に適応するためには、旧来の日本的経営では無理なことは明らかでも、良さをすべて捨て去る必要もない。社会の変化をつぶさに観察し、その変化に合わせて会社を柔軟に変えていく。それが、私たちに求められていることなのではないか。

EDITOR'S NOTE 編集後記

日本の2023年の名目GDPがついに世界第4位に転落する見通しがIMF（国際通貨基金）から発表された。

少子高齢化に伴う人口の減少とともに、長引く円安・低物価・低賃金の「安い日本」に対する危機感は大きい。ことに、低賃金はこのムックでインタビューした論者の多くが指摘した問題だ。

このまま日本は、国際競争力が減退し続け、日の沈む国になってしまうのだろうか。そうあってはほしくないはずだ。「反転攻勢」に向けて知恵を絞り、その知恵を結集させることが必要だ。過去の栄光にしがみつかず、かといって自信喪失におびえず、日本の産業界全体で「問題の根」を探り、これまで培ってきた強みを冷静に見つめ直し、再び磨き上げる必要がある。

それには、経営者も、ビジネスパーソンも、それぞれが当事者となり、意識を覚醒しなくてはならないだろう。「流れに流されず、流れを見誤らない」軸と判断力も要る。日本企業とその経営を輝かせ、躍動させるために、新たな日本モデルを構築する時が来ている。

日本能率協会は創立時に運営の三原則（日本的性格の能率運動／理論よりも実行／重点主義）を根幹として活動をスタートした。まずそれを念頭に置き、これからの時代にふさわしい日本的なマネジメントとその革新とは何か、自問自答しながら本書の制作を進めてきた。本書の論者の言葉をヒントに、新たな挑戦が生まれ、発信力ある日本経済へと再生することを心から望んでいる。

2024年2月
『Think!』編集部

Think! 別冊 No.12

「失われた30年」を超え、進化し続けるマネジメント

シン・日本的経営

2024年2月20日発行

監修	一般社団法人日本能率協会
監修担当	一般社団法人日本能率協会（小宮太郎、富浦渉、鈴木雄馬、岡田健作）
プロデューサー	根本洋子
ディレクター	天野徳隆、松本久美子、長谷川大祐
デザイン	株式会社 dig（成宮成、峰村沙那、永田理沙子、大場澄香、山田彩子）
印刷・製本	昭栄印刷株式会社

発行者　田北浩章
©TOYO KEIZAI 2024

Printed in Japan ISBN978-4-492-96232-9
https://toyokeizai.net/

東洋経済新報社
〒103-8345　東京都中央区日本橋本石町 1-2-1
電話　東洋経済コールセンター 03-6386-1040